Henning Melber

Der Weißheit letzter Schluß

Über dieses Buch:

Nicht immer tritt der koloniale Blick so offen zutage wie einst in Bundespräsident Heinrich Lübkes Ansprachen: »Sehr geehrte Damen und Herren, liebe Neger...« oder der wütenden Abwertung von Rock-Musik als »Negermusik mit Busch-Trommeln«. Nein, in den neuziger Jahren wirbt Ihre Bank mit dem globalen Anspruch: »Wir machen den Weg frei« – und arbeitet dabei nur mit subtileren Methoden.
Daß solchem Alltagsdenken weiterhin der koloniale Blick auf die Kulturen anderer Kontinente innewohnt, wird von Melber an vielen Beispielen dokumentiert. Dabei verfolgt er anhand der europäischen Geistesgeschichte von Aufklärung und Vernunft die Überhöhung des weißen Mannes durch die Jahrhunderte.
Wir werden heute nicht nur mit Überresten dieser Ideologien konfrontiert, sondern auch mit Weiterentwicklungen in Form neuer Rassismen und Vorurteile. Dies wird an Beispielen wie Migrationsbewegungen, Golfkrieg und »Neue Weltordnung« diskutiert.
Melber geht es in seinem Buch aber nicht nur um Rassismuskritik, sondern in diesem Zusammenhang auch um Menschenrechte und Zivilgesellschaft. Kritisch greift er die Internationalismus-Debatte der letzten Jahrzehnte auf und plädiert für eine neue internationale Solidarität, ohne damit vor der Wirklichkeit der eigenen Gesellschaft fliehen zu wollen.

Über den Autor:

Henning Melber, 1950 in Stuttgart geboren, arbeitet im Schwerpunkt Internationale Politik und Intergesellschaftliche Beziehungen an der Gesamthochschule Kassel. Zwischen 1967 und 1975 lebte er mehrere Jahre in Namibia und trat der Befreiungsbewegung SWAPO bei. Seine Erfahrungen bewegten ihn auch zur wissenschaftlichen Auseinandersetzung mit Eurozentrismus und Rassismus.
Er veröffentlichte zahlreiche Aufsätze in Zeitschriften und Büchern, ist Verfasser des ersten sozialkundlichen Schulbuches der SWAPO, sowie weiterer Bücher zu Namibia, u. a. *Krieg und Kriegsbewältigung in Namibia* (1991).

Henning Melber

Der Weißheit letzter Schluß

Rassismus und kolonialer Blick

Brandes & Apsel

Auf Anforderung informieren wir regelmäßig über das Verlagsprogramm.
Eine Postkarte an den Brandes & Apsel Verlag,
Nassauer Str. 1-3, D–6000 Frankfurt a. M. 50, genügt.

Die Deutsche Bibliothek – CIP-Einheitsaufnahme

Melber, Henning:
Der Weißheit letzter Schluß : Rassismus und kolonialer Blick /
Henning Melber. - 1. Aufl.
Frankfurt (Main) : Brandes und Apsel, 1992
ISBN 3-86099-102-7
NE:GT

1. Auflage 1992

Umschlaggestaltung: Volkhard Brandes. Das Foto zeigt Henri de Rothschild zu Beginn des 20. Jahrhunderts auf seinem 536. Wildbret, einem Nilpferd.
Die Rechtsinhaber mancher Abbildungen konnten nicht ermittelt werden und mögen sich mit dem Verlag in Verbindung setzen.
Druck: Fuldaer Verlagsanstalt, Fulda
Gedruckt auf säurefreiem, alterungsbeständigem und chlorfrei gebleichtem Papier

ISBN 3-86099-102-7

Inhalt

Vorbemerkungen 7

Ethnozentrismus – Eurozentrismus – Rassismus: zum Spannungsfeld des kolonialen Blicks 9

500 Jahre Fortschritt und Entwicklung: die Bürde des weißen Mannes – von der Last mit uns selbst 13
»The White Man's Burden« *15*
Fortschritt und Entwicklung *19*
... des Menschen dauernde Berufung und Pflicht? *23*

200 Jahre Freiheit, Gleichheit, Brüderlichkeit: »Jenes eigentliche Afrika...« – Entwicklungsgeschichte des kolonialen Blicks 26
Die Rationalität der Aufklärung als Hierarchisierung der Welt *28*
Der koloniale Rassismus des »deutschen Afrika« *33*
Die kolonialen Kontinuitäten im Nationalsozialismus *42*

»Wer nicht vorangeht, geht zurück«: Eurozentrismus, Rassismus und kolonialer Blick im bundesdeutschen Alltagsbewußtsein 45

Ausgrenzung und Vereinnahmung: Apartheid und der edle Wilde – zwei Seiten derselben Medaille 62
Der »fremde Wilde«: das Dogma der biologisch-kulturell determinierten Andersartigkeit und der extremistische Kulturrelativismus *63*
Der »edle Wilde«: die Mystifikation des Exotischen als Europäisierung des Anderen *68*
Anders und doch gleich – eine notwendige Gratwanderung *74*

Mythos multikulturelle Gesellschaft:
Rassismus und Nationalismus...
... Klassengesellschaft und Staat *77*
Identitätsstiftende Grenzziehungen *78*
Vermittlungsinstanz Staat... *81*
... und Vermittlungsinstanz Klassengesellschaft *82*
Fallstricke im Multikulturalismus *83*

Rassismus und Antirassismus:
zwischen Selbstgerechtigkeit und Selbstverleugnung *87*
Der Partikularismus im Universalismus:
die Grenzen der Aufklärung *89*
Der Rassismus im Anti-Rassismus *92*

*Zwischen Weltunordnung und Welt*unter*ordnung:*
Menschen- und Völkerrechte, Macht und Markt *95*

Krieg, Zivilität und
internationale Solidarität nach dem zweiten Golfkrieg *104*
Krieg *105*
Zivilität *108*
Internationalismus... *111*
... im eigenen Land *113*

Solidarität mit wem oder was? Internationalismus
zwischen Universalismus und Partikularismus *116*
Abschied vom Mythos *116*
Menschenrechte als Universalismus... *118*
... und Menschenrechte als Partikularismus *120*
Herausforderung Inter-Nationalismus *122*

»Der Krieg formt seine Leute«:
für einen menschlichen Internationalismus *125*

Anmerkungen *131*

Vorbemerkungen

»Kritisches Denken, das auch vor dem Fortschritt nicht innehält, verlangt heute Parteinahme für die Residuen der Freiheit, für Tendenzen zur realen Humanität, selbst wenn sie angesichts des großen historischen Zuges ohnmächtig erscheinen.«
Max Horkheimer und Theodor W. Adorno im Vorwort zur »Dialektik der Aufklärung«.

Dieses Buch ist Ergebnis meiner Beschäftigung mit den Themen Kolonialismus, Imperialismus, Rassismus und Fragen internationaler Solidarität.[1] Anders als die meisten einschlägigen Arbeiten, von denen es gerade in jüngerer Zeit – leider aus ungutem Anlaß – eine größere Zahl zu verzeichnen gilt,[2] habe ich mich dabei der inhaltlichen Auseinandersetzung mit diesen Fragen über mein Engagement im und zum Südlichen Afrika genähert – also über den lebensgeschichtlich begründeten »Umweg« der eigenen Erfahrungen inmitten einer Kolonialgesellschaft der »Dritten Welt«. Vielleicht läßt sich dies an der einen oder anderen Facette meines Blickwinkels erkennen.

Die folgenden Seiten geben nicht vor, umwälzende neue Erkenntnisse zu präsentieren. Sie streben auch nicht nach fachwissenschaftlichen Meriten. Wohl aber sehe ich ihren Sinn darin, daß sie Zusammenhänge von einem Standpunkt aus betrachten, der Verbindungslinien unterschiedlicher Denkansätze und (Teil-)Disziplinen zusammenführt, ausleuchtet und im hoffentlich produktiven Sinne sichtbar werden läßt.[3]

Zu meinem Anliegen gehört dabei die Vermittlung der Erkenntnis, daß der koloniale Blick nicht nur im Umgang mit dem äußerlich gut sichtbar »Anderen« zutage tritt. Dies läßt sich derzeit mit Schrecken und hilfloser Ohnmacht gerade auch in der deutsch-deutschen Anomie bestätigt finden: Im Beutegestus der vermeintlichen »Sieger«, in deren Gnadenlosigkeit bei der Verfolgung, Demütigung und selbstgerechten Verurteilung der »Besiegten« (und dies sind in den seltensten Fällen die einstmals Mächtigen) zeigen sich Intoleranz und Überheblichkeit einer Arroganz der Macht. Sie vollzieht sich in einer Hemmungslosigkeit, die alle desavouiert, die darin den Triumph des »besseren Systems« zu zelebrieren und auszukosten glauben. Die handfesten Folgen einer pseudo-moralischen Zeigefinger-Mentalität von »Besserwessis«, exekutiert auf Grundlage der materiell begründeten Vormachtstellung, haben eine furchterregende Unerbittlichkeit, die untilgbare Spuren hinterläßt. Auch hierin dokumentiert sich die Unbarmherzigkeit und Kälte eines kolonialen Blicks und seiner unmoralisch-inhumanen Praxis menschenverachtenden Herrschaftsvollzugs. Auf der Strecke drohen wir alle zu bleiben.

Die folgenden Kapitel verstehen sich so auch als ein hoffentlich nicht nur hilfloser Versuch, gegen die Kälte hierzulande und in uns selbst anzuschreiben. Diese Form der Beschäftigung mit solchen Themen wäre für mich ohne den Mut meiner Mutter allerdings wohl nicht zustande gekommen: Als sie 44jährig mit ihren zwei jugendlichen Söhnen nach Namibia auswanderte, um dort mit ihrem Lebensgefährten Erich eine neue Existenz zu gründen, traf sie damit nicht nur für sich selbst eine lebensgeschichtlich prägende Entscheidung. Zu den (weniger bedeutenden) Folgen dieser Zäsur gehört u.a. auch, daß ein Vierteljahrhundert später ein solches Buch vorliegt, das hoffentlich seinen Sinn nicht nur für mich selber hat. Ich widme es in Dankbarkeit meiner Mutter und der Erinnerung an Erich.

Ethnozentrismus – Eurozentrismus – Rassismus: zum Spannungsfeld des kolonialen Blicks

Meiner Annäherung an den kolonialen Blick liegen einige Thesen zugrunde, die eingangs kurz skizziert werden sollen: Bei der Degradierung von Menschen zu »Negern«/»Wilden«/»Unterentwickelten« handelt es sich um einen Domestizierungsprozeß. Als Sozialisationsstrategie dient er der Verinnerlichung von Werten und Normen, die der kapitalistischen bzw. industriellen Produktion immanent sind und dem Modell eines unilinearen Evolutionismus huldigen. Dieser Abrichtungsvorgang, der durch die Rationalität der Aufklärung auch seine »Verwissenschaftlichung« fand, erfolgte nicht nur in den außereuropäischen Gesellschaften. Er prägte zuvorderst die »Zivilisierung« der Menschen zu Untertanen (»BürgerInnen«) innerhalb der europäischen Metropolstaaten.

Der gegenwärtig dominante Entwicklungs- und Fortschrittsbegriff entspricht nach wie vor diesem Zivilisationsmodell, dem rassistische Vorurteilsstrukturen eines kolonialen Blicks noch immer immanent sind. Unsere eigene gesellschaftliche Konditionierung ist innerhalb dieses Weltbildes erfolgt. Das Aufbrechen und Hinterfragen von Wertigkeiten und Alltagsnormen muß deshalb bei uns selbst beginnen. Indem wir unsere lebensanschauliche Sozialisation reflektieren, unsere Projektionen und Bilder vom (vermeintlich oder real) Fremden, erfahren wir am meisten über uns selbst.

Die Literatur tut sich meist schwer damit, den Rassismus-Begriff eindeutig und verbindlich zu definieren. Ohne hier auf Details hinsichtlich der Unterscheidung in biologischen und kulturellen Rassismus eingehen zu können,[4] wird von den BenutzerInnen des Rassismus-Begriffs zumeist darauf vertraut, daß alle etwas (wenn auch teilweise Verschiedenes) damit anfangen können. Ist dies schon z.T. verwirrend genug, wird es in der Auslegung und Zuordnung von Begrifflichkeiten wie Ethnozentrismus und Eurozentrismus noch erheblich komplizierter und diffuser. Deshalb scheint mir eine knappe Annäherung an und Klärung von Begrifflichkeiten vorab notwendig, auch wenn eine eindeutige Definition damit nicht geleistet werden kann.

In einem Teil der Literatur findet sich die Tendenz zur Gleichsetzung von Ethnozentrismus mit Rassismus.[5] Eine solche Austauschbarkeit aber verstellt den Blick für die Unterschiede im Bedeutungsgehalt, denn sie liefe darauf hinaus, den Rassismus zum konstitutiven Moment einer jeglichen gruppen- bzw. kulturspezifischen Identität zu erklären. Es wäre aber gewiß voreilig, z.B. die Inuit (»Eskimos«) als Rassisten abzustempeln, bloß weil sie sich selbst (wie im übrigen viele andere sprachlich-kulturell relativ homogene Gruppen) die Eigenbezeichnung »Mensch« verleihen – denn nichts anderes heißt in unsere Sprache übersetzt Inuit.

Auch die vielfältigen schöpfungsgeschichtlichen Mythologien der verschiedensten autochthonen Völker, die in ihrem jeweiligen Ebenbild die vollkommenste Stufe der Menschheitsentwicklung sehen, sind allein noch kein Zeichen von Rassismus – wohl aber von Ethnozentrismus. Ähnlich verhält es sich m. E. auch mit dem Phänomen des »Kannibalismus« als einer Form der (ethnozentrischen) Außenprojektion: Daß es diese Angstphantasie gibt, ist noch kein hinreichender Beleg für Rassismus. Und daß sich bis in unsere Zeit hartnäckig unter diversen afrikanischen Gemeinschaften die Vorstellung hält, unter Weißen wäre der Kannibalismus gang und gäbe,[6] stellt zwar unsere eigene ethnozentrische Vorstellungswelt auf den Kopf, ist aber nur ein weiteres Indiz dafür, daß selbst Ethnozentrismen weltweit vergleichbare topoi transportieren können, die im besonderen die psychoanalytische Forschung interessieren dürften.[7]

Wenn z. B. in einer engagierten Streitschrift der »Weg der Zerstörung«, den die industrielle Zivilisation beschritten hat, mit Ethnozentrismus als begleitender Legitimationsideologie gleichgesetzt wird,[8] dann geschieht dies wider besseres Wissen des Autors. Denn er stellt in Abgrenzung dazu ja gerade die von dieser Zerstörung in ihrer existentiellen Grundlage bedrohten Bevölkerungsgruppen als intakte Gesellschaften mit spezifischer eigener Wertigkeit dar und beschreibt damit nichts anderes als eine Form ethnozentrischer Identität, die das eigene Dasein und die tradierte Lebensweise als erhaltens- und verteidigenswerte Produktions- und Kulturform begreift.

Ethnozentrismus kann wohl am ehesten als ein Ausdruck von kulturellem Zentrismus verstanden werden: » ... bewußt oder unbewußt wird unsere Haltung gegenüber Angehörigen einer anderen Kultur in hohem Maße gesteuert durch die in unserer eigenen Kultur erlernten Wahrnehmungs-, Wertungs- und Verhaltensmuster.«[9] Ethnozentrismus kann so auch als »unbewußte Grundhaltung fast jeder geschlossenen sozialen Gruppe gegenüber ihrer jeweiligen sozialen Umwelt« definiert werden.[10]

Im Unterschied dazu repräsentiert der Eurozentrismus bereits »die Negation verschiedener partikularer Ethnozentrismen« und ist Ausdruck eines säkularen Einheitsbewußtseins.[11] Der vermeintliche Fortschritt im Eurozentrismus als höherer Form der Abstraktion reduziert sich im Grunde aber bei genauer Betrachtung auf den eigentlich ethnozentrischen Kern, wie der verstorbene Pädagoge Ernest Jouhy in einem Essay verdeutlichte, in dem er für die Rehabilitierung des Ethnozentrismus-Begriffs eintrat: »Ethnozentrismus gilt, wie Egozentrismus, als negativ zu bewertende Beschränktheit, als Vorurteil gegenüber einer als universal geltenden, zeitlosen, humanen Wahrnehmung und rationalen Logik. Doch eben die Vorstellung, es gäbe einen universal gültigen Maßstab des Verständnisses von und des Umgangs mit Natur und Menschenwelt, also so etwas wie eine vorurteilsfreie Wissenschaft, die allen vorangegangenen Denk- und Bewußtseinsformen überlegen ist, diese Art des euro-amerikanischen Denkens ist selbst ethnozentrisch und befindet sich in einer tiefen Krise.«[12] Somit ist auch der Eurozentrismus nur eine dem Schein nach (bzw. begrenzt) verallgemeinerte Form ethnozentrischer Sichtweise (wenngleich als Konzept nicht nur mit universellem Gültigkeitsanspruch versehen, sondern auch weltweit inzwischen wirksam). Jouhy plädiert deshalb für die Einsicht in die ethnozentrische Begrenztheit als Grundlage und Voraussetzung »für eine Meisterung des Dilemmas von Ethnozentrismus und Universalismus« [13].

Mir scheint dieses Bekenntnis zu Ethnozentrismus geeignet, sich einem nicht-rassistischen Blick zu nähern. In seiner großen Allgemeinheit der Anwendung und zugleich relativ spezifischen Eingrenzung im konkreten Einzelfall (d. h. gültig für jede spezifische Kulturgruppe unabhängig von der gesellschaftlichen Formation, die sie darstellt bzw. innerhalb derer sie angesiedelt ist) erlaubt der Ethnozentrismus-Begriff eine nicht zwangsläufig negative Bestimmung, je nach den darunter subsumierten Inhalten. Mit anderen Worten: Ethnozentrismus kann, muß aber nicht mit Rassismus einhergehen.

Der Eurozentrismus stellt dagegen eine inhaltliche Abstrahierung und Festlegung auf einer allgemeineren Ebene als der des Ethnozentrismus dar. Er setzt eine spezifische gesellschaftliche Entwicklung voraus und definiert deren Inhalte. Dies aber birgt die Gefahr, daß ein bestimmtes Evolutionskonzept affirmativ übernommen und zugrunde gelegt wird, das selbst immanent kritisierbar ist und – wie noch zu zeigen sein wird – zumindest zutiefst ambivalent einen Fortschrittsbegriff transportiert, der zugleich auch »Entwicklung zur Unterentwicklung« für einen Teil der davon betroffenen Menschen zur Folge hat. Damit wird ein Vorherrschaftsanspruch formuliert, der dem Ethnozentrismus nicht per se zugesprochen werden kann. »Ethnologen haben zwar in Kulturen aller Kontinente herausgefunden, daß man das Fremde als beunruhigend, dämonisch, unberechenbar und gefährlich erfährt; daß man also die eigene Gruppe für den Mittelpunkt der Welt hält, daß man überhaupt nur die eigenen Leute als ›Menschen‹ bezeichnet, und daß man gegen Fremde mißtrauisch oder feindselig sich verhält, kann offenbar nicht als Einzelfall gelten. Aber keine dieser ethnologisch erforschten Kulturen hat sich jemals dazu verstiegen, *eine universelle Theorie der Fremdheit und ihre notwendige Aufhebung* zu konzipieren, und keine dieser (›primitiven‹) Kulturen hat sich die Mittel und Möglichkeiten zu verschaffen vermocht, diese universelle Theorie weltgeschichtlich auch durchzusetzen. Dieses ›Privileg‹ gebührt allein der europäischen Kultur.«[14]

Die unkritische Identifikation mit dieser Kultur und deren eurozentrisch-wertender Weltsicht birgt auch die Gefahr des latenten bis offenen Rassismus. Diese Sichtweise von sich und dem Rest der Welt, der Selbstüberhöhung innewohnt, bezeichne ich als kolonialen Blick. Ihm sind die folgenden Ausführungen geschuldet.

»Nicht so eilig – sei glücklich!« – Würden Sie diesen Cartoon als Postkarte verschicken!?

500 Jahre Fortschritt und Entwicklung: die Bürde des weißen Mannes – von der Last mit uns selbst

We refuse to be
what you wanted us to be
we are what we are
that's the way it's going to be
you can't educate
for no equal opportunity...

babylon system is the vampire
sucking the children day by day
babylon system is the vampire
sucking the blood of the sufferers
building church and university
deceiving the people continually
me say them graduating thieves
and murderers look out now
sucking the blood of the sufferers
tell the children the truth...

'cause we've been trodding on
the winepress much too long
go to rebel, got to rebel now
we've been taken for granted
much too long, rebel

Bob Marley

»Die moderne Welt ist ein Werk des bürgerlichen Europas«, so der Erziehungswissenschaftler David Simo aus Kamerun: »In fünf Jahrhunderten sind die Europäer in alle Winkel der Erde und sogar des Himmels eingedrungen, haben zerstört, neugebaut, umgeformt, umstrukturiert, desintegriert, neuintegriert, missioniert, zivilisiert, kurz: die Welt nach eigenen Vorstellungen zu organisieren versucht.«[15] Diese Ausbreitung Europas während der vergangenen fünf Jahrhunderte ging einher mit einer spezifischen Weltsicht, die dem Fortschritts- und Entwicklungsgedanken sowie der Wissenschaftsgläubigkeit eines rational sich gebärdenden Vernunftbegriffs huldigte und »die Unbedenklichkeit eines partialisierten und rein instrumentellen Zugriffs auf Natur« widerspiegelt.[16]

Der darin manifeste koloniale Blick aber blieb keinesfalls exklusives Selbstverständnis einer herrschenden Minderheit. Er setzte sich in Formen der Trennung von äußerer und innerer Natur sowie deren Beherrschung und Abrichtung zuerst innerhalb der kolonisierenden Gesellschaften in deren »Prozeß der Zivilisation« (Norbert Elias) durch. Sodann aber schließlich auch als nach außen gerichtete Sichtweise von »Fortschritt« und »Entwicklung« in Form eines weltweite Gültigkeit reklamierenden Zivilisationsmodells eurozentrischen Ursprungs.[17] Über Jahrhunderte hinweg traten dessen Ideologien – mit abweichenden Nuancierungen, aber ähnlichem bis identischem Wesensgehalt, was Begriffe wie »nachholende Entwicklung/Industrialisierung« markant dokumentieren – einen weltweiten Siegeszug an und wurden häufig auch zu einem impliziten Bindeglied zwischen politisch divergierenden gesellschaftlichen Gruppierungen. Fortschrittsmythos und Entwicklungsgläubigkeit blieben weder auf das europäische Bürgertum und in der Folge auf das kapitalistisch-industrielle System sowie die dadurch unmittelbar vergesellschafteten Individuen begrenzt. Sie vermochten sich der Köpfe einer organisierten Arbeiterbewegung weitgehend zu bemächtigen, sowie Konzepte und Triebkräfte gesellschaftlicher Alternativen und Veränderungen innerhalb wie außerhalb Europas nachhaltig zu beeinflussen, die zu unterschiedlichen Zeitpunkten mit unterschiedlichen, in diesem grundsätzlichen Punkt des Fortschritts- und Entwicklungsgedankens aber doch weitgehend ähnlichen Vorstellungen ihre Emanzipation einforderten.[18]

Dieses Kapitel handelt von diesem so überaus erfolgreichen und folgenreichen Versuch Europas, »die Welt nach eigenen Vorstellungen zu organisieren«, wie es der eingangs zitierte David Simo ausdrückt, und den Spuren dieser Ausbreitung in uns selbst. Es ist nicht die Absicht, mit dem Gestus eines «kulturellen Überläufers« unter Selbstverleugnung der eigenen Sozialisation und ihrer Werte und Normen dieser Gesellschaft der »Täter« den Rücken zu wenden. So soll die Anmaßung vermieden werden, namens der Opfer auf der »Verliererseite« des Globus[19] die Anklage zu erheben und sich zum Sprecher der »Verdammten dieser Erde« (Frantz Fanon) zu erhöhen. Im übrigen ist bereits hinsichtlich des kulturellen Überläufertums als »Travestie der Lebensformen« im Zuge der europäischen

Entdeckungs- und Eroberungsreisen darauf hingewiesen worden, daß die Anziehungskraft der anderen Welt in erster Linie den Lebensbedingungen in der eigenen Herkunftsgesellschaft geschuldet war und letztlich im Agententum für diese resultierte.[20] Das ist wohl kaum anders geworden. Sowohl Agententum wie Stellvertretergehabe möchten diese Gedanken jedoch tunlichst vermeiden, indem sie sich auf uns selbst konzentrieren.

Die (selbst-)kritische Bilanz bemißt sich deshalb nicht an den horrenden Opfern der unterworfenen, gedemütigten, erniedrigten und geknechteten Welt, die zur sogenannten Dritten degradiert und funktionalisiert wurde. Sie handelt stattdessen von einigen Aspekten unserer eigenen Defizite, die sich im Zuge dieses umfassenden Expansionsprozesses ins Äußere wie Innere herausbildeten und verfestigten. Es geht also in erster Linie darum, »Die Bürde des weißen Mannes« in ihrem Bedeutungsgehalt für uns selbst Revue passieren zu lassen. Es geht um die Last mit uns selbst. Dabei gehört es zu den unauflösbaren, immanenten Widersprüchen und Ambivalenzen, daß sich diese Kritik aus derselben Rationalität einer abendländischen Geistesgeschichte in der Tradition der Aufklärung stehend speist, die sie hinsichtlich bestimmter Formen und Folgen einer »Sonne kalkulierender Vernunft ... unter deren Strahlen die Saat der neuen Barbarei heranreift«[21] hinterfragt. Insofern ist auch diese Kritik noch immanenter Bestandteil des solcherart kritisierten europäischen Universalismus.[22] Sie versucht dem Appell zu einem »recycling« der Aufklärung Rechnung zu tragen, das die Überwindung der Eroberergesinnung aus sich selbst heraus, mit Hilfe der ihr zugrundeliegenden Logik, zu bewerkstelligen trachtet.[23]

»The White Man's Burden«

Rudyard Kipling, auf den die als Leitmotiv bemühten Verszeilen von literarisch eher minderer Qualität – aber mit programmatischem Titel für eine ganze Ära – zurückgehen, verfaßte das umfängliche Epos im pathetischen Duktus des imperialistischen Sendungsbewußtseins zwischen Juni 1897 und November 1898. Die »koloniale Expansion als Menschenpflicht» wird darin beispielhaft als »Abenteuer, Strapazen und Leistungen der einsamen, großen weißen Helden in der Wildnis« glorifiziert.[24] Der erste Vers dieses Poems, das wir dem Schöpfer des »Dschungelbuchs« mit seiner kindlichnaiven Heldenfigur Mowgli verdanken,[25] soll hier zur Einstimmung dienen:

Nehmt auf euch des Weißen Mannes Bürde –
schickt die Besten, die ihr aufzieht, hinaus.
Auf, gebt eure Söhne in die Verbannung,
der Notdurft eurer Gefangenen zu dienen.
Laßt sie schwer gerüstet wachen
über eine Menge, wankelmütig und wild –
eure frisch eingefangenen, tückischen Völkerschaften,
die halb noch Kinder sind, halb Teufel.

Diese Klassifizierungen anderer Menschen bilden den ideologischen Kern eines dualistischen Denkens, das sich am Leitbild des erwachsenen weißen Mannes orientiert – dem von ihm selbst zum Maßstab aller Dinge erkorenen Wesen.[26] Es ist in einem der ersten »Jubiläums-Essays« aus Anlaß der »500-Jahr-Feiern« schon darauf hingewiesen worden, daß der Wahrnehmungs- und Erkenntnismöglichkeit im Zeitalter des Kolumbus das Raster einer finalistischen Interpretationsstruktur innewohnt: »Man entdeckt nichts oder ohnehin nur das, was man von vornherein angenommen hat.«[27] So besehen, stieß

Was sich hier so harmlos-malerisch in Szene setzt, begründet die Ausbreitung Europas seit fünf Jahrhunderten auf wenig rücksichtsvolle Weise. Umrahmt von einer Natur-Idylle – Palmen einerseits, »Eingeborene« andererseits – wird der Entdeckermythos gepflegt. Hier als Bildergeschichte in einem Geographiebuch aus dem Jahr 1985 für das 5. und 6. Schuljahr.

die europäische Expansion eigentlich immer nur auf die eigene Projektion. Die Projektion eben des erwachsenen weißen Mannes.

Aus dieser Übertragung sind Gegensatzpaare entstanden, die u.a. im Zuge der berühmten Kontroverse von Valladolid quasi »aktenkundig« geworden sind.[28] Im Jahre 1550 stritten sich in Spanien die (männlichen) Gelehrten darüber, ob es zwischen Indianern und Spaniern Gleichheit gebe. Allerdings blieb diese intellektuelle Mühsal (in deren Verlauf der Befürworter des Gleichheitsgedankens, der Dominikanerpater und Bischof Bartolomé de Las Casas ein fünftägiges Plädoyer hielt) ohne Erfolg, da die (männliche?) Jury schließlich zu keinem Schiedsspruch gelangte – so daß die Macht des Faktischen wohl weiterhin die praktizierte Ungleichheit bestätigte. Für den Philosophen Ginés de Sepúlveda entsprach diese Ungleichheit dem natürlichen Zustand der menschlichen Gemeinschaft – einer hierarchischen Gesellschaft, die sich nach Superiorität und Inferiorität untergliedert. In seiner Argumentationskette, z.B. im Dialog »Democrates alter«, tritt das dualistische Denken in Dichotomien offen zutage: »An Klugheit und Scharfsinn, Tugendhaftigkeit und Menschlichkeit sind die Spanier diesen Barbaren so weitaus überlegen wie die Erwachsenen den Kindern und die Männer den Frauen; zwischen ihnen besteht ein ebenso großer Unterschied wie zwischen wilden, grausamen Menschen und solchen von großer Sanftmut, zwischen vollkommen maßlosen und solchen, die maßvoll und enthaltsam sind, und fast möchte ich sagen, wie zwischen Affen und Menschen.« Tzvetan Todorov, auf dessen Darstellung und Analyse hier als Quelle zurückgegriffen wird, bringt die von Sepúlveda bemühten Oppositionspaare in die folgende aufschlußreiche Kette von Proportionen.[29]

$$\frac{\textit{Indianer}}{\textit{Spanier}} = \frac{\textit{Kinder (Sohn)}}{\textit{Erwachsene (Vater)}} = \frac{\textit{Frauen (Ehefrau)}}{\textit{Männer (Ehemann)}}$$

$$\frac{\textit{Tiere (Affen)}}{\textit{Menschen}} = \frac{\textit{Wildheit}}{\textit{Sanftmut}} = \frac{\textit{Maßlosigkeit}}{\textit{Mäßigung}} = \frac{\textit{Materie}}{\textit{Form}}$$

$$\frac{\textit{Körper}}{\textit{Seele}} = \frac{\textit{Begierde}}{\textit{Vernunft}} = \frac{\textit{böse}}{\textit{gut}}$$

Zu den Gegensatzpaaren, die auf die Trennung von Leib und Seele zurückgehen und im Zuge eines Zivilisationsprozesses herausgebildet werden, »in dessen Verlauf die inneren und äußeren Formationen des Menschen vollständig neu organisiert werden«, gehören u.a.: männliche Beherrschtheit – weibliches Chaos, Kultur – Natur, Wissen – Wahn. »Immer wirkt in solchen Dichotomien Macht. Die Demarkierungsprozesse setzen das, als was Vernunft sich nicht versteht, als das Inferiore, das in Regie, an die Kandare oder unter Verschluß genommen werden muß.«[30]

Mit der Austreibung solcher Art von »Irrationalität« konstituierte sich zwar »Vernunft«, aber um den Preis des Verlustes »soziokultureller Selbstverständlichkeiten und des Zusammenhangs mit der Natur, als Entfremdung vom eigenen Leib und Unterdrückung wertvoller Erfahrungsressourcen und Wissenstypen, vor allem aber auch als Exilierung der Phantasie, der Leidenschaften und Triebe. Indem Vernunft sich als Maß des Menschen setzt, bestimmt sie die Unvernunft als das Anormale.« Vernunft wird so in ihrer Verselbständigung und Definitionsmacht zum Akt der Herrschaft, der Selbstbeherrschung und Naturbeherrschung zugleich, einer Form von Herrschaft, die als männlich charakterisiert werden muß. Denn »die Bildungsgeschichte des Subjekts, ... rekonstruiert insgeheim einen bestimmten Typus männlicher Identitätsbehauptung«, der allerdings im Universalitätsanspruch dieses Charakters geleugnet wird.[31]

Die Durchsetzung dieses männlichen Vernunftprinzips dokumentierte den tiefgreifenden Wandel im Naturverständnis, der im Prozeß der Mechanisierung resultierte und »von einer organisch-ganzheitlichen zu einer mechanistisch-atomistischen Naturdeutung« führte. Der sich manifestierende »Atomismus der naturwissenschaftlichen Methodik«, der auch Natur zum Objekt menschlicher Bearbeitung degradiert, führt zu einer neuen Betrachtungsweise, bei der der Mensch aus der Natur heraustritt: »Die Welt wurde nicht mehr nur als Bereich der (göttlichen) creatura, sondern auch als (menschliche) creation verstanden.«[32]

In dieser Form kann der Gedanke, »daß die Menschheit im Verlauf ihrer Geschichte und bis über die Gegenwart hinaus sich in einem langsamen, aber kontinuierlichen Fortschrittsprozeß in Richtung auf immer größere Naturbeherrschung und Selbstbestimmung befindet«, als eine Idee der Aufklärung gelten: »Für die Aufklärung ... leben alle Völker gemeinsam in einer für alle gleichen, einheitlichen Zeitdimension«, wobei dieser Gedanke einer Menschheit mit einer gemeinsamen Geschichte die Universalgeschichte des menschlichen Fortschritts schuf und zugleich dieses Prinzip eines vom Menschen selbstverantworteten Fortschritts die Orientierung am göttlichen Heilsplan und damit eine wesentliche Etappe des Säkularisierungsprozesses beendete.[33]

Fortschritt und Entwicklung

Mit »der Entdeckung des Kolumbus« und der sukzessiven Erschließung des Globus rückten verschiedenartige Gesellschaftsformen in unterschiedlichen Gebieten der Erde in das europäische Blickfeld. Dieses bildete in zunehmendem Maße eurozentrisch-vergleichende Bewertungsmaßstäbe heraus, um sich der reklamierten eigenen kulturellen Überlegenheit zu vergewissern: »Ein ständiger Impuls zum progressiven Vergleich wurde aus dem Befund gezogen, daß einzelne Völker oder Staaten, Erdteile, Wissenschaften, Stände oder Klassen den anderen voraus seien, so daß schließlich – seit dem achtzehnten Jahrhundert – das Postulat der Beschleunigung oder – von seiten der Zurückgebliebenen – des Ein- oder Überholens formuliert werden konnte. Diese Grunderfahrung des Fortschritts, wie er um 1800 auf seinen singulären Begriff gebracht worden ist, wurzelt in der Erkenntnis des Ungleichzeitigen, das zu chronologisch gleicher Zeit geschieht.« Die »naturgebundene Chronologie« wurde von der »Individualisierung ... mit wirkungsgeschichtlichen Zeitfristen und Verlaufsrhythmen« durchsetzt. »Die Gleichzeitigkeit des Ungleichzeitigen, zunächst eine Erfahrung der überseeischen Ausbreitung, wurde zum Grundraster, das die wachsende Einheit der Weltgeschichte seit dem achtzehnten Jahrhundert fortschrittlich auslegte.« Wortprägungen oder Sinngebungen von »Fortschritt« und »Entwicklung« avancierten so zum Legitimationsarsenal der sozialen und politischen Gruppen.[34]

Im Zuge der »Entzauberung der Welt« (Max Weber) wurde der vereinheitlichte «Fortschritt« zur universellen Konstante erhoben. Mit dieser Gedankenkonstruktion konnte Fortschritt »auf die moralische, geistige, kulturelle und gesellschaftliche Entwicklung« wertend übertragen werden und den Anspruch dokumentieren, daß es sich dabei um einen »Fortschritt der Menschheit schlechthin« handele. Die in Frankreich ihre Dynamik entfaltende Aufklärung schuf im Zuge der Durchsetzung einer auch ideologischen Führungsrolle bei der Etablierung der neuen gesellschaftlichen Ordnung und deren Legitimierung ein neues Bewußtsein, dessen säkularisierte Formen schließlich neue Mythen einer Omnipotenz des Weltlichen produzierten: »So entwickelt sich aus einer veränderten Zeitperspektive heraus ein Geschichtsbewußtsein, in dem die Fortschritte der Rationalität gleichsam die historischen Fortschritte der menschlichen Zivilisation werden und das unendliche Fortschreiten der Rationalität als Garant für die Entwicklung von Wohlstand, Glück, Humanität etc. gilt. Dieses Zivilisationsbewußtsein des späten 18. Jahrhunderts ist Ausdruck des Selbstbewußtseins dieser ihrer selbst und ihrer wissenschaftlichen Dynamik gewiß gewordenen Zivilisation, die mittels der Rationalität alle früheren Stufen ihrer eigenen, und die aller anderen Zivilisationen hinter sich gelassen hat.«[35] Immanuel Kant brachte dies auf den Nenner: Fortschritt ist des Menschen dauernde Berufung und Pflicht...

Mit dem zur Macht drängenden Bürgertum und dessen Weltverständnis von der Machbarkeit der Dinge durch die gewissermaßen »ingenieurhafte« Lösung aller sich stellenden Fragen gewann das »Menschenbild des säkularisierten Demiurgen« – also des weltlichen Schöpfers der Erde – als ein zentraler Mythos der Moderne Gestalt. Dieser Fortschrittsmythos transportierte seine Verheißungen aber nicht nur als privilegierte Ausschließlichkeitsformel für das aufstrebende Bürgertum, sondern für die Mitglieder einer Gesellschaft in ihrer Gesamtheit: »›Fortschritt‹ wurde so in den letzten beiden Jahrhunderten zur gesellschaftlichen Inklusionsformel der Gesamtbevölkerung, ... sozusagen zum neuen Eschatologieersatz.«[36] Als »Gesetz der Geschichte« zum politischen Programm des herrschenden Bürgertums erhoben, manifestierten sich darin Machtansprüche und Interessen einer »Beherrschung, Lenkung und Planung der Natur« sowie einer »Vervollkommnung der Menschen«.

Doch der Allmachtsanspruch wurde zum Wahrnehmungsgefängnis: »Das in revolutionärer Absicht für die Menschen gegen die göttliche Ordnung entwickelte utopische Programm erstarrt – fasziniert in seine Zielsetzung – und verliert den Adressaten, die Menschen, aus dem Blickfeld.«[37] Dabei blieb auch eine Weltsicht auf der Strecke, die eine »Verzeitlichung des Nebeneinander«, verknüpft mit dem Ziel einer Aufhebung durch Fortschritt und Entwicklung, nicht zur Legitimation (national)staatlicher Vormachtstellung in der Welt unter Inkaufnahme einer Ungleichbehandlung der Menschen mißbrauchen wollte. Schließlich: »Einer Philosophie, der sich Individualität grundsätzlich aus der Idee der Entwicklung erschloß, mußten die fremden Individualitäten notwendig als ein am Eigenen gemessenes geschichtliches Mehr oder Weniger erscheinen.«[38] In der Realität der gesellschaftlichen Machtverhältnisse war das fast ausnahmslos ein »Weniger«, mit dem die Unterwerfung fremder Gesellschaften als Etappe des Fortschritts legitimiert werden konnte.

Auf die zu Beginn des nationalistischen Zeitalters noch bestehende Tradition eines Universalismus im Frankreich des 16. und 17. Jahrhunderts weist Julia Kristeva hin. Dieser Kosmopolitismus baut auf der Tradition eines kulturrelativistischen und zugleich menschheitsgeschichtlich universalistischen Denkens auf. Er existiert parallel zum entstehenden nationalen Bewußtsein, wird aber zunehmend vom nationalstaatlichen Partikularismus zurückgedrängt: »Eine ›neue Welt‹ ist im Entstehen: nationalistisch und begierig, sich mit den anderen zu verbinden. Kommunikation oder Beherrschung? Austausch oder Krieg? Der Nationalstaat wird ein Kolonialstaat sein.«[39] Unter Verweis auf das Banner vermeintlich universeller Vernunft wurde nun eine Planifikation von Mannigfaltigkeit sowohl innerhalb des nationalstaatlichen Territorialraumes wie auch in globalen Maßstäben vollzogen. »Krieg gegen Diversität« als »Geburtsübel des modernen Staates« schafft die Fiktion eines homogenen und durchgängigen Nationalraums, der die Vielfalt der Welt in einordbare Planquadrate unterteilt, die sich in das eigene System der Wahrnehmung integrieren: »Alle Dinge lassen sich zum Standpunkt des Betrachters in eine lineare Beziehung setzen, ihr Eigen-Sinn hat sich verflüchtigt.«[40]

In der Tradition einer vorgeblich rationalen Verwissenschaftlichung vom Schlage eines Descartes stehend, »blind gegen die unvermeidlichen Komplexitäten der konkreten menschlichen Erfahrung«[41], entwickelt sich im Kopernikanischen Zeitalter ein Begriffsdenken, das zu nichts mehr führen könne – so Gustav Landauer in seinem Werk »Skepsis und Mystik«[42] – »als zum Totschlagversuch gegen die lebendige Welt: ... Bei unseren Versuchen, die Welt zu betasten und zu begreifen ... haben wir sie entleibt und sie in die leeren Appartements unserer Assoziationen und Allgemeinbegriffe hineinkomplimentiert.« Die Metaphern von Fortschritt und Entwicklung, denen sich alles gemäß der herrschenden Auffassung unterzuordnen habe, werden so zur Umschreibung des Herrschaftsprozesses: »Entwicklungsgeschichte gebärdet sich als Kolonisierungsgeschichte, als Enteignungsgeschichte, als Wegnahme der Eigenständigkeit von Personen und Religionen. Sie ist eine Geschichte der Mächtigen, der Mächtigen Planung, Einplanung und Verplanung.«[43]

Zu den Prinzipien einer machtvollen Naturbeherrschung, die sich in der zweiten Hälfte der Renaissance auch in den Menschen selbst »als Ausbildung einer isolierten Ich-Identität im Dienste explosiver Selbstbehauptung, starrer Fixierung der Mitwelt zum Objekt und klarer Durchschaubarkeit nach diskursiven Regeln« etablierte, gehörte im Zuge der Abrichtung nicht nur der äußeren, sondern auch der inneren Natur der Wandel vom Leib zum Körper. Dieser Prozeß wurde anhand mehrerer umfangreicher Studien hinsichtlich der höfischen Gesellschaft und deren Ritualen einer körperlichen Disziplinierung von dem Sozialphilosophen und Kulturtheoretiker Rudolf zur Lippe ausführlich beschrieben und analysiert. Für ihn wird der Körper »zum Zeichen, zur Chiffre, kritisch gewendet zum Signal«. Und er resümiert: »Was damals an Instrumentalisierungen von innerer und äußerer Natur in Kauf genommen wurde, ist nur leider bei gelinderter Not nicht zurückgenommen, sondern mit den fortschrittlich ersparten Kräften beschleunigt worden. Heute beginnen die Menschen die Selbstberaubung durch Naturbeherrschung zu erkennen. Sie wird nur umgewendet werden können, wenn wir neu auch aus der abendländischen Vorgeschichte erleben, was sie vorfand und verdrängte, wenn wir begreifen, daß sie als Beraubung der einen Menschen durch die anderen im Zuge von Macht begann, und wenn wir dadurch eine späte Verantwortung für die Geschichte beider Seiten übernehmen, daß wir in präziser Analyse auf diese Geschichte als einen möglichen Gang mit der Suche nach anderen möglichen Wegen antworten.«[44]

Der auch von Norbert Elias detailliert beschriebene »Prozeß der Zivilisation« mit seiner immanenten »Affektmodellierung« des Menschen, der in der Herausbildung einer »Disziplinargesellschaft« (Michel Foucault) resultierte,[45] ist jedoch an die Grenzen des Machbaren gestoßen. Mittlerweile stehen wir angesichts globaler Krisen und Katastrophen immer deutlicher erkennbar vor einem Desaster des eingeschlagenen »Entwicklungspfades«, der im Lichte einer »Sonne kalkulierender Vernunft« in die Sackgasse geführt hat: »Der große Plan der Weltvernunft, wie er dem Bürgertum bei seiner Umwälzung von Natur und Gesellschaft von Beginn an vorschwebte, ist nicht gelungen, vielmehr bis zur Lächerlichkeit preisgegeben an die Blindheit einer automatischen, blendenden Aufklärung; er scheiterte gerade deshalb, weil er jeweils aufs neue ›besondere‹ Menschen gebraucht hat, Menschen mit Körpern und Seelen, denen ihr ›Selbst‹ schließlich nur noch unter äußersten Krisen beizubringen war.«

So fordert denn »die Absage an die Identität« eine »Freigabe der Position im Mittelpunkt der Welt, die den Menschen als Bürgern seit jeher zugemutet war.«[46] Dieser Standortwechsel könnte einem Gleichheitspostulat den Platz einräumen, der diesem gebührt. Denn »prinzipielle Gleichheit, die nicht zur Identität führt, sondern der

Verschiedenheit ihren Raum läßt, ist das Ziel. Es geht um den Unterschied in der Gleichheit. ... Die Anerkennung des Fremden, seine Exteriorität, schützt es vor meinem Zugriff, vor der Gewalt in mir; es schützt mich aber auch davor, die Welt und den Anderen auf mich zu reduzieren und dadurch jeder Transzendenz verlustig zu gehen.«[47] Doch diese Suche nach anderen möglichen Wegen, die zur Gratwanderung zwischen universalistischen und relativistischen Kriterien und Sichtweisen geraten dürfte, ist nicht frei von Hindernissen. Auf dem langen Weg einer Erkenntnis stehen wir uns noch immer selbst im Weg.

... des Menschen dauernde Berufung und Pflicht?

Wer meint, daß Verse und Zeilen vom Schlage eines Rudyard Kipling endgültig der Mottenkiste des kolonialen Sendungsbewußtseins längst vergangener Tage der Jahrhundertwende angehören, der sieht sich spätestens seit den Ereignissen des zweiten Golfkrieges und der vielbeschworenen »Neuen Weltordnung« im Zuge des Zusammenbruchs der bipolaren Hegemonialstrukturen eines Besseren belehrt. Mag die Sprache Kiplings heutzutage Patina angesetzt haben, ist der Pathos dennoch nicht von gestern. Und die inhaltliche Aussage leider auch nicht. Zum Beleg eine weitere Kostprobe im Originalton:

> *Nehmt auf euch des Weißen Mannes Bürde –*
> *die grimmigen Kriege zur Befriedigung,*
> *gebt den hungrigen Mäulern zu essen*
> *und gebietet der Seuche Einhalt.*
> *Wenn ihr dann dicht vor dem Ziel steht,*
> *was ihr andern zuliebe erstrebt, fast erreicht habt:*
> *seht zu, wie Faulheit und heidnischer Irrwahn*
> *eure ganze Hoffnung zunichte machen.*

Die Beschwörungsformeln, der Reinkarnation eines solchen »heidnischen Irrwahns« entschlossen und unter Inkaufnahme eines auf modernster Technologie gründenden Vernichtungskrieges entgegenzutreten, haben wir gerade wieder vernommen. Damit eignet sich der Westen ein weiteres Mal die globale Definitionsmacht an und läßt darin ein politisches Muster erkennen, in dem die »Neue Weltordnung« eine Struktur der Weltgesellschaft produziert, in der »das Oktroi der herrschenden Verhältnisse bestimmend sein wird, nicht ihre Veränderung«[48]. So droht uns als mögliche Perspektive die späte Durchsetzung des Konzepts der »one world« mit dem Westen als der richtungsweisenden Wertegemeinschaft – wie gehabt, nur in moderner Version. Denn in den Köpfen der Träger unserer europäischen Zitadellenkultur(en) wächst ein neues Feindbild heran. Das einer »Dritten Welt«, die der Einhegung bedarf: »Der Norden wird von nun an seine Pflicht zur Hegemonie um der Stabilität des Weltsystems willen reklamieren« und seine »Entwicklungspolitik« mit der vorbeugenden Notwendigkeit zur Eindämmung von Krisen rechtfertigen.[49] »Entwicklung« unter dem Leitbild der »einen Welt« aber droht zur Horrorvision zu werden: »Ideen wie ›Weltinnenpolitik‹, ›gemeinsamer Weltmarkt› oder auch ›globale Verantwortung‹ haben noble Geister angeregt und werden, heute wieder mehr als noch vor einigen Jahren, mit moralischem Pathos ins Spiel gebracht. Ihre Unschuld ist im Zeitalter der Kulturverdampfung beschädigt.«[50]

Schon vor sechzig Jahren stellte Joseph Roth mit zynischer Bitterkeit und Verachtung fest: »Zwischen jenem spanischen Gesindel des Kolumbus, das mit billigen Taschenspiegeln die Indianer überlistet, und der zivilisatorischen Moral des modernen Ingenieurs, der im Namen der Aufklärung die Radiostationen in der Wüste errichtet: welch ein geringer Unterschied! Unter dem Motto ›Die werden aber staunen!‹ handeln alle Eroberer und Kulturverbreiter. Und wie sie gestaunt haben, als sie die Syphilis bekamen, die Eisenbahn, die Sklaverei!«[51]

Wie schon einleitend festgestellt, verfügen wir als Produkte eben jener kolonialen Geschichte und deren Sozialisationseffekten über wenig andere Möglichkeiten als mit dem Vernunftprinzip unter anderen Prämissen und mit neu definierten Zielen zu hantieren. Aber wenigstens das sollten wir auch tun. Eine Tradition dafür gibt es nicht erst seit Joseph Roth. Alexander von Humboldt, dessen obsessive Neugierde ihn bei seinen Südamerikareisen zum Protagonisten des expansiven Forschers – ausgestattet mit dem Totalitätsanspruch des deutschen Idealismus – machte, hielt in der ihn auszeichnenden Einsicht in die Ambivalenz gesellschaftlicher Prozesse unmißverständlich fest, »daß die Idee der Kolonie selbst eine unmoralische Idee ist. ... Sich darüber streiten, welche Nation die Neger humaner behandelt, heißt, sich über das Wort Humanität lustig machen und fragen, was angenehmer ist, sich den Bauch aufschlitzen oder die Haut abziehen zu lassen, heißt fragen, ob Spanien in Peru oder Venezuela unmenschlicher gewütet hat und ob Spanier in Westindien mehr Grausamkeiten verübt haben als Engländer und Franzosen in Ostindien!!«[52] – Solcher Menschlichkeit sollten wir uns mehr verbunden fühlen als der Fortschrittsgläubigkeit europäischer Moderne, deren Keim Humboldt ebenso in sich trug und deren Folgen aus der Sicht der »Dritten Welt« von Bob Marley in seinen eingangs zitierten Liedzeilen über das »Babylon System« so eindringlich beklagt wurden.[53] Die von ihm damit verknüpfte Aufforderung zur Rebellion sollte auch für uns gelten.

200 Jahre Freiheit, Gleichheit, Brüderlichkeit: »Jenes eigentliche Afrika...« – Entwicklungsgeschichte des kolonialen Blicks

1989 wurde die 200jährige Wiederkehr der Französischen Revolution und damit der endgültige Durchbruch der bürgerlichen Gesellschaft in Mitteleuropa umfassend abgefeiert. Dieses Kapitel beschäftigt sich mit spezifischen Folgen der revolutionären Umwälzungen jenes Zeitalters der Aufklärung in entwicklungsgeschichtlicher Perspektive. Es beabsichtigt damit, den als kolonialen Blick charakterisierten Aspekt der sich Bahn brechenden eurozentrisch-abendländischen Rationalität darzustellen.[54]

Was in einem anregend-provokativen Essay zur »Erfindung der Nation« bemerkt wurde, die mit der Etablierung der bürgerlichen Gesellschaft und deren staatlicher Organisiertheit im 18. und 19. Jahrhundert einherging, gilt auch für die Herausbildung des neuzeitlichen (Selbst-)Verständnisses im Umgang mit (vermeintlich oder real) Fremdem: »Das Jahrhundert der Aufklärung, des rationalistischen Säkularismus, brachte auch seine eigene, moderne Dunkelheit mit sich.«[55] Wie noch beispielhaft zu zeigen sein wird, scheiterte die Verwirklichung der humanistischen Forderungen und utopischen Visionen der sozialrevolutionären Aufklärer, deren Menschen- und Gesellschaftsbild der Zukunft mit den Schlagworten der »liberté«, »fraternité« und »egalité« umschrieben wurde, an den einer bürgerlichen Herrschaft immanenten Formen von gesellschaftlicher Ungleichheit. So wurde die Rationalität der Aufklärung neben ihres unzweifelhaften historischen Verdienstes – nämlich der Befreiung von den Ketten feudalistisch-religiöser Denkweisen und Formen irrationaler absolutistischer Herrschaft – zugleich auch zum Vehikel der ideologischen Legitimierung von Ausgrenzungs- und/oder Vereinnahmungsstrategien, eines aggressiven Sozialdarwinismus, Kolonialismus und Imperialismus, der inner- wie intergesellschaftliche Beziehungen in ihrer Wahrnehmung entscheidend prägte.

Statt sich jedoch aufgrund der Legitimierung von Ungleichheit zu entlarven und obsolet zu werden, vermochte diese Betrachtungsweise der Welt, der menschlichen Existenz und des Umgangs mit der Natur, einen nahezu uneingeschränkten Siegeszug über die Erde anzutreten und die verideologisierte Macht des Bürgertums zu einem weltweit akzeptierten, dominanten Paradigma zu stilisieren.

Den nach wie vor ungebrochen zutiefst ethnozentrischen Kern dieser Weltsicht hat Ernest Jouhy verdeutlicht. Ihm zufolge »hat sich der europäische Anspruch der Universalität des rational-wissenschaftlichen Denkens und Handelns bzw. dessen, was dieses Denken als Irrationalität und ethnozentrische Beschränktheit einstuft, nicht allein Kraft seiner überlegenen Logik ausgebreitet, nicht dank des ›Sieges der Vernunft‹, sondern im Gefolge des ökonomisch-politischen Ausgriffs von Kolonialismus und Imperialismus auf die Welt.« Dadurch wurden die Ideen der Aufklärung und der französischen Revolution »im wahrsten Sinne des Wortes ›herrschende Ideen‹, mithin die Ideen einer herrschenden Gruppe. Sie sind somit selbst gruppenzentriert, ethnozentrisch. So umwälzende und heute weltweit gültige Begriffe wie Entwicklung, Fortschritt, Emanzipation, Freiheit, Selbstbestimmung und ›individuelle Autonomie‹, ebenso wie die wissenschaftlich-technischen Denkmodelle und Verhaltensweisen, die ihnen vorgeschaltet sind, wurzeln im gleichen europäischen Bürgertum, das durch die Praxis seiner Theorien ökonomisch, politisch und kulturell die Vormacht in der Welt errungen hat.«[56]

Dieser Prozeß und seine Konsequenzen werden in ihren wesentlichen historischen und ideengeschichtlichen Etappen nachfolgend skizziert. Dabei wird die der »Weltbildproduktion« zugrundeliegende materielle Basis ökonomischer Interessen weitgehend ausgeblendet, ohne damit jedoch ihre fundamentale Bedeutung zu übersehen: »In Klassengesellschaften dienen Weltbilder schließlich nicht nur den mutmaßlich gerechtfertigten Erkenntnisinteressen Identitätssicherung und Naturaneignung, sondern auch der Herrschaftssicherung der je herrschenden Klasse. Wenn eine Klasse von der Mehrarbeit einer anderen lebt... dann wird sie in erster Linie versuchen, die Techniken der Mehrproduktaneignung zu rationalisieren: und sie wird Weltbilder bevorzugen, die diese Mehrproduktaneignung ermöglichen und legitimieren. Die Tatsache, daß mit der Entstehung von Klassengesellschaften Intellektuelle von der unmittelbaren Produktion freigestellt und als professionelle Weltbildproduzenten aus dem gesellschaftlichen Mehrprodukt ernährt werden können, erhöht die Wahrscheinlichkeit, daß Weltbilder dieser Art auch tatsächlich formuliert werden und Geltung erlangen.« [57] Dies gilt nicht nur, aber zweifelsohne in besonderem Maße auch für die industriell-kapitalistische Gesellschaft, deren dominanter kolonialer Blick – sowohl nach innen wie nach außen – uns in verschiedenen Ausgestaltungen (auch in uns selbst) beschäftigen wird.

Die Rationalität der Aufklärung als Hierarchisierung der Welt

Der französische Aristokrat und Bürger Condorcet (1743-1794), der selbst dem Blutrausch der Revolution zum Opfer fiel und »wie kein anderer den Wissenschaftsglauben der Aufklärung verkörpert«[58], kann als herausragender Vertreter eines Fortschrittsmythos an der Schwelle zu einer Epoche gelten, die an eine menschliche Vernunft im bürgerlichen Humanismus appellierte, wie es sie in der gesellschaftspolitischen Praxis so nie gegeben hat. 1793, bereits auf der Flucht vor den Häschern der Massenhinrichtungsmaschinerie, verfaßte Condorcet seinen »Entwurf einer historischen Darstellung der Fortschritte des menschlichen Geistes«. Darin artikuliert sich der unilineare Evolutionismus eines Fortschrittsglaubens, der das hierarchische Bild verschieden entwickelter Gesellschaften transportiert, die sich über kurz oder lang in ihrer Unterschiedlichkeit aufzulösen und dem Idealtypus der zivilisierten europäischen Nationen anzugleichen hätten – oder aber verschwinden müßten. Condorcet bringt diese Sichtweise, in die folgende Frageform gehüllt, in seinem Werk klar zum Ausdruck: »Müssen sich alle Nationen eines Tages dem Zustand der Zivilisation nähern, den die aufgeklärtesten, freiesten und vorurteilslosesten Völker, wie die Franzosen und Anglo-Amerikaner, erreicht haben? Muß der gewaltige Abstand nach und nach verschwinden, der diese Völker von der Knechtschaft der von Königen beherrschten Nationen trennt; der zwischen ihnen und der Barbarei der afrikanischen Stämme, der Unwissenheit der Wilden klafft?« [59]

Condorcet scheute sich allerdings auch nicht, den rigorosen Raub- und Plünderungscharakter des frühen Handelskapitalismus und der Sklaverei ausdrücklich und nachhaltig anzuprangern und als verabscheuungswürdige Herrschaftspraktiken bloßzustellen. Eine solche auf Ungleichheit und Macht gestützte Ausbeutung galt für ihn als unvereinbar mit den Idealen menschlicher Entwicklung.

Anders dagegen liest sich dies schon bei einem Zeitgenossen Condorcets, der dem benachbarten Volk der Dichter und Denker angehörte. Immanuel Kant (1724-1804), der sich die Erde aus der Perspektive seines Studierzimmers in Königsberg aneignete und philosophisch interpretierte, wurde zu einem der bedeutendsten Protagonisten jener Rationalität des Zeitalters der Aufklärung in der deutschen Geistesgeschichte. Seine Weltsicht spiegelt die Ambivalenz der neuen Erklärungsmuster für diejenigen wider, die nicht das Privileg hatten, von der bürgerlichen Gesellschaftsentwicklung zu profitieren. Den mit spezifischen Wertigkeiten versehenen Ausmusterungsprozeß einer aufklärerischen Rationalität, auf vorgeblich naturwissenschaftlich begründeter Logik basierend, vermag ein Auszug aus Kants »Physischer Geographie« zu illustrieren. Dort heißt es im Paragraphen 4 über den Menschen, »seinen übrigen angebohrnen Eigenschaften nach, auf dem ganzen Erdboden erwogen«, u.a.: »In den heißen Ländern reift der Mensch in allen Stücken früher, erreicht aber nicht die Vollkommenheit der temperierten Zonen. Die Menschheit ist in ihrer größten Vollkommenheit in der Race der Weißen. Die gelben Indianer haben schon ein geringeres Talent. Die Neger sind weit tiefer und am tiefsten steht ein Theil der amerikanischen Völkerschaften.« [60]

Georg Wilhelm Friedrich Hegel (1770-1831), ein weiterer herausragender Protagonist der deutschen Geistesgeschichte von neuzeitlicher Relevanz, [61] knüpfte an diesen unverhohlenen Dünkel des europäischen Herrenmenschen an. In seinen Vorlesungen zur »Philosophie der Geschichte« kleidete er die eurozentrische Hierarchie menschlichen Daseins in die folgenden, auf Menschen mit schwarzer Hautfarbe bezogenen Worte: »Jenes eigentliche Afrika ist, soweit die Geschichte zurückgeht, für den Zusammenhang mit der übrigen Welt verschlossen geblieben; es ist das in sich gedrungene Goldland, das Kinderland, das jenseits des Tages der selbstbewußten Geschichte in die schwarze Farbe der Nacht gehüllt ist. ... Der Neger stellt, wie schon gesagt worden ist, den natürlichen Menschen in seiner ganzen Wildheit und Unbändigkeit dar; von aller Ehrfurcht und Sittlichkeit, von dem, was Gefühl heißt, muß man abstrahieren, wenn man ihn richtig auffassen will: es ist nichts an das Menschliche Anklingende in diesem Charakter zu finden.« [62]

Die hier zum Ausdruck gebrachte Dichotomie zwischen »wild«

und »zivilisiert« ist zur Begrifflichkeit geronnene Wertigkeit. Sie beinhaltet zugleich Zustandsreduktion, die dem abstrakten Niveau der evolutionistischen Diskussion entspricht. Der niederländische Anthropologe Anton Blok hat auf die gesellschaftspolitische Zweckmäßigkeit solcher Betrachtungsweise hingewiesen: »Die Mächtigen rechtfertigen ihre privilegierten Positionen gewöhnlich nicht durch den Hinweis darauf, daß sie über mehr Machtmöglichkeiten verfügen als die, die sie beherrschen. Sie neigen eher dazu, ihre Machtmittel zu leugnen und sich auf ihre moralische Überlegenheit zu berufen. Auf diese Weise betonen sie, daß der Platz, den die weniger Mächtigen einnehmen, ihnen auch zukomme, weil sie minderwertig, weniger zivilisiert oder gar unzivilisiert, das heißt *primitiv* seien.«[63]

Mit einer solchen Sicht ließ sich dann schließlich auch – wie von Hegel explizit vollzogen – die Sklaverei als historisch progressiv im Sinne der Menschwerdung des Afrikaners (von einem kollektiven Un-Wesen zu einem individuellen Subjekt seiner Selbst) betrachten. Doch solche herabsetzenden Phantasien und Projektionen hinsichtlich der Minderwertigkeit außereuropäischer Gesellschaften und deren Menschen enthielten auch einen realen Kern an Erkenntnis bezogen auf die Zustände innerhalb der eigenen Gesellschaft als dem Standort des Beobachtenden. Der disziplinierte Mensch, seiner »natürlichen Ursprünglichkeit« beraubt, wurde ja zu jener Zeit tatsächlich in den sich vollziehenden Industrialisierungsprozessen der europäischen Metropolstaaten benötigt und auch produziert.

Die Wahrnehmung und Bewertung außereuropäischer Gesellschaften und Kulturen war so nur die eine Seite des »Zivilisationsprozesses«. Gleichzeitig hatte das Zeitalter der Aufklärung aber auch eine mindestens ebenso gravierende Auswirkung für binnengesellschaftliche Prozesse der Abrichtung und Erziehung von Menschen zu Bürgern und Produktivkräften, die der neu entstehenden ökonomischen, sozialen und politischen Ordnung gemäß konstituiert werden mußten. »Normalität« wurde definiert und mit der Macht des einzig gültigen Kriteriums versehen. Darauf hin zu erziehen wurde zum zentralen Aufgabenbereich gesellschaftlicher, staatlicher Ordnung. Menschen wurden in Aussonderungs- und Integrationsprozessen abgerichtet und eingepaßt.[64]

Die dabei geschaffenen Strukturen eines jeweils auch regionalspezifischen Sozialcharakters vermögen u.a. exemplarisch die aufschlußreichen Studien eines Tübinger Volkskundlers zu verdeutlichen, der genau diesen Abrichtungsprozeß der Menschen zu »fleißigen Schwaben« im »Ländle« dokumentiert.[65] Die obrigkeitsstaatliche Sichtweise, das quasi amtliche »Verdikt des ›Volksfremden‹« als Ausgrenzung von zu Randgruppen erklärten Minderheiten mit abweichendem Habitus und noch nicht domestizierten Lebensformen verdeutlichte die Auffassung des Rechtswissenschaftlers Robert Mohl, der die Lebensweise der vorindustriellen Vaganten und Wanderarbeiter in seiner 1834 in Tübingen erschienenen Schrift »System der Präventiv-Justiz oder Rechts-Polizei« folgendermaßen verurteilte: »Wie der Wilde will er lieber allen Beschwerlichkeiten und Entbehrungen des Wanderlebens sich unterziehen, als der geordneten Einförmigkeit und Arbeit der bürgerlichen Zustände.«[66]

Die Werteskala, auf der eine solche Beurteilung basierte, war die der industriell organisierten Gesellschaft des frühen 19. Jahrhunderts, in der das industrielle Verhalten erst noch durchgesetzt und erzwungen werden mußte. Hierzu wurde ein polizeilicher Maßnahmenkatalog entwickelt, hinter dessen Anwendung der Gedanke der Erziehung von Armen- und Vagantengruppen zur »Industriosität« stand. – »Indüstrie« definierte Krünitz 1792 folgendermaßen: »In der gemeinen Sprache übersetzt man dieses Wort bald durch Geschicklichkeit, bald durch Arbeitsamkeit, Arbeitstrieb, Betriebsamkeit, Emsigkeit, Gewerbsamkeit, Kunstfleiß.«[67] Hierzu merkt Kaschuba an: »Bereits an dem Bedeutungsfeld läßt sich die programmatische Aufladung des Begriffs erkennen, der noch an der älteren humanistischen Vorstellung der Selbstentfaltung und Selbstverwirklichung des Individuums durch Arbeit und im tätigen Leben anknüpft. Nun wird diese Idee freilich nicht mehr emanzipativ gedacht, sondern normativ gesetzt. Aus dem inneren Antrieb zu ›industriösem‹ Verhalten wird äußerer Druck und Zwang: Der Staat entwirft ein Programm der ›Armenerziehung durch Arbeit‹.«[68]

Die solcherart von oben gesetzten Normen entwickeln sich in ihrer Langzeitwirkung zu Alltagsnormen, deren Wirksamkeit darin besteht, »daß neben der obrigkeitlich-polizeilichen Disziplinierung des Alltagslebens auch eine verschärfte Form der ›inneren‹ Sozialkontrolle einsetzt.«[69] Bezogen auf die Durchsetzung dieses Abrichtungsprozesses in Württemberg, wo die Schwaben »seit jeher« als arbeitsame, fleißige Häuslebauer gelten, die einem solchen Ideal der Industriosität entsprechen, läßt sich feststellen: »... was hier zivilisations- und kulturgeschichtlich als Anfang eines Prozesses skizziert ist, in dem ein bestimmter ›Sozialcharakter‹ durch Normen und Disziplinen geformt wird, das wird später den Württembergern gerne als zugewachsene, originäre Mentalität zugeschrieben, als ›schwäbisches Naturell‹.«[70] Realiter handelt es sich aber auch hier um nichts anderes als die »Erfindung von Tradition«, wie sie bezogen auf die unterschiedlichsten Gesellschaftsformationen von den englischen Sozialgeschichtlern Hobsbawm und Ranger geschildert und auch im Zeitalter des Kolonialismus für die Abrichtung außereuropäischer Gesellschaften wirksam wurde.[71]

Es ist zweifellos das besondere Verdienst der Kritischen Theorie – vor allem verbunden mit den Namen Adorno, Horkheimer und Marcuse –, das Augenmerk auf den Aspekt von Naturbeherrschung als Beherrschung von äußerer und innerer Natur gerichtet zu haben. Denn die allmähliche Ausbreitung der (industrie-)kapitalistischen Produktion benötigte und beförderte ein Ensemble von Arbeitstugenden und verinnerlichten Persönlichkeitsmerkmalen, die Triebverdrängung und Pazifizierung der inneren Natur, Selbstkontrolle und Eigen- wie auch Fremddisziplinierung des Menschen erforderlich machten. Dieser sich über Jahrhunderte erstreckende Prozeß der Selbstdisziplinierung findet sich in Begrifflichkeiten wie »Affektmodellierung« (Norbert Elias) oder »Disziplinargesellschaft« (Michel Foucault) zutreffend charakterisiert.

Der Schrebergarten als Versinnbildlichung von Frei-Zeit der etablierten bürgerlichen Gesellschaftsordnung des späten 19. Jahrhunderts kann als das äußere Pendant zur Parzellierung der Lebenswelt schlechthin gelten: »Da es keinen Raum ohne Funktion mehr gibt, gibt es auch keine Zeit ohne Kontrolle, keine Bewegung ohne Ziel. Das gesellschaftliche Leben ist zweckgebunden: das gesamte soziale und geographische Territorium ist zu einem einzigen Ort des Bekenntnisses geworden, der zur Eingliederung in die bestehende Ordnung verpflichtet.«[72]

Die Rationalität der Aufklärung, deren spezifischer Fortschritts- und Entwicklungsbegriff hinsichtlich der Menschheitsgeschichte, resultierte in einer qualitativ neuen Kosmologie. Sie verknüpfte die räumliche Distanz zu anderen Formen gesellschaftlicher Lebens- und Organisationsweise mit einer zeitlichen Distanz. Diese »Verzeitlichung des räumlichen Nebeneinander«, die ab Mitte des 18. Jahrhunderts entstand, produzierte eine »Dynamik der Negation«: »Weil die Anderen zu Vorstufen der eigenen Entwicklung erklärt werden, wird ihr Anderssein in einer nahen oder fernen Zukunft verschwinden. Was heute per negationem ausgeschlossen ist, wird in Zukunft als überholt zu betrachten sein. Zur Verzeitlichung des Unterschieds gehört das Versprechen seiner Aufhebung.«[73] Damit wird bereits der zielorientierte Außenbezug hergestellt, der für den neuzeitlichen Rassismus des eurozentrischen Zivilisationsmodells von zentraler Bedeutung ist: »Das instrumentelle Denken ... stellte in den Augen des Bürgertums den weltweiten Durchbruch des Lichts dar, demgegenüber alle früheren Kulturen nur obskure Vorstufen blieben, ... So gaben Kolonialismus und Industrialismus diesem Denken und seiner Ideologie die ökonomischen und politischen Flügel. Alle vorindustriellen und insbesondere alle außereuropäischen Kulturen, ihre Vorstellungswelt und ihre Praktiken erschienen nur noch als Hemmnisse für die universelle Entwicklung und Entfaltung aller Völker.«[74]

Der koloniale Rassismus des »deutschen Afrika«

Aus dem bisher Gesagten wird die Relevanz der These deutlich, die den heute noch immer vorherrschenden Modellen menschlicher Entwicklung »territoriale Vorstellungen« zuschreibt: »Völker, wie auch einzelnen Individuen, werden als politische Räume gedacht, als Territorien, die es zu erobern und zu besetzen, zu erforschen und zu missionieren gilt.«[75] Darin zeigt sich eine Parallele zur Geschichte der Pädagogik. Die universelle Hierarchie des sich ausdifferenzierenden Weltmarktes, der mit der Ausbreitung Europas auf die übrige Welt im Laufe des späten 19. Jahrhunderts vollständig herausgebildet war und selbst die letzten bis dahin noch nicht kolonisierten Gebiete erfaßte, wurde in der ökonomischen Dominanz des kapitalistischen Verwertungszusammenhangs ergänzt um das damit korrespondierende, kulturimperialistische Weltbild: »In der naturhistorischen Betrachtung erscheint Kultur als spätes Entwicklungsprodukt. Kultur ist nur in Verbindung mit den höher entwickelten intellektuellen Fähigkeiten zu begreifen, welche aber wieder selbst ein Ergebnis der Entwicklung sind. ... Die gegenwärtig erreichte Stufe der westlichen Kulturvölker ist als die höchste anzusetzen... Von diesem Standpunkt aus können die anderen Völker und Kulturen als zurückgeblieben, als ›Naturvölker‹, als ›primitiv‹ und ›unkultiviert‹ angesehen und dementsprechend behandelt werden.«[76]

Diese Behandlung war keinesfalls zimperlich. Sie legitimierte sich auch als parallele Aufgabe zur Fürsorge- und Erziehungspflicht in der eigenen Gesellschaft, denn »was lag näher als die Annahme, daß Menschen, die das Kindheits- oder Jugendstadium der Kulturgeschichte verkörperten, selbst ›kindlich‹ seien oder von ihren ›Eltern‹ eben wie Kinder behandelt werden müßten?«[77]

In einem Standardwerk über »Die Behandlung der Eingeborenen in den deutschen Kolonien«, das Ende des 19. Jahrhunderts in pseudowissenschaftlicher Manier die »zivilisatorische Mission« des noch gar nicht so alten Deutschen Reiches in den gerade erst eroberten kolonialen Besitztümern unterstreichen sollte, liest sich das dann mit den Worten eines Dr. Karl Dove so: »Der Neger nicht allein, sondern überhaupt der Farbige, erinnert in seinem Wesen oft an ein Kind. ... Die... Eigenschaften... des Kindes fordern naturgemäß eine gewisse Bevormundung des Eingeborenen, der dieser, wenn überhaupt je, so gewiss erst nach Generationen entwachsen kann. ... Man wird deshalb folgerichtig in der Aufrechterhaltung einer solchen Bevormundung der Farbigen ebensowenig eine Härte erblicken dürfen, wie in der Durchführung einer gewissen Disziplin dem Schüler gegenüber. Auch die Schule zwingt ihre Angehörigen zu arbeiten; und gegebenen Falls ist ein gelinder Zwang zur Thätigkeit auch den eingeborenen Afrikanern gegenüber sehr nützlich.«[78]

Kolonialismus kann also neben seiner imperialistischen Vereinnahmung von Ländern und deren grenzenloser Ausbeutung auch als »eine auf Wissenschaftlichkeit bedachte Strategie der gewaltsamen Zivilisation« definiert werden, die den »Anschluß an den europäischen Normenkodex und an den kapitalistischen Weltmarkt« erzwang.[79] Der europäische Kolonialismus und die evolutionistische Anthropologie des ausgehenden 19. Jahrhunderts setzen Zivilisation mit dem europäischen Abendland gleich und nehmen damit auch eine »Gleichsetzung von Zivilisation und Arbeit (die in ihrer eingeschränkten oder modernen Bedeutung als differenzierte Warenproduktion für den individuellen Profit begriffen wird)« vor.[80]

Die Auswirkung dieser weltanschaulichen Verabsolutierung auf die kolonisierten Menschen bzw. die Wahrnehmung dieser Menschen durch die »Sendboten der Zivilisation« soll hier am Beispiel des »deutsch-afrikanischen« Verhältnisses knapp dargestellt und verdeutlicht werden. Die physische Gewalt des deutschen Kolonialregimes in den okkupierten Territorien wird dabei nicht ausführlich behandelt; die kolonialismuskritische historische Literatur hat dazu mittlerweile umfassende Darstellungen geliefert. Die mitunter an Genozid grenzenden Ausrottungsfeldzüge deutscher »Schutztruppensoldaten«, wie die Militärs euphemistisch tituliert wurden (auch die Kolonien waren ja in der Diktion der Staatsmacht »Schutzgebiete«), werden hier nur mittelbar über die in den dokumentierten Formen der kolonialen Wahrnehmung erkennbaren Gewaltbereitschaft deutlich.[81]

Als das kaiserliche Deutschland im letzten Viertel des 19. Jahrhunderts daran ging, sich an der Eroberung fremder Gebiete in Übersee zu beteiligen, waren die Kontinente bereits zu einem großen Teil unter den damaligen europäischen Großmächten aufgeteilt. Dennoch gelang es, im Wettlauf um den »Platz an der Sonne« noch einige entlegenere Territorien unter die »Schutzherrschaft« des deutschen Kaiserreichs zu zwingen. Am 22. August 1884 bejubelt der »Korrespondent von und für Deutschland« den Eintritt Deutschlands in die Ära des Kolonialzeitalters mit dem durchaus repräsentativen Kommentar: »Große denkwürdige Zeiten zu schauen und zu ahnen, ist uns in den jüngsten Tagen gewährt. Wir erleben den Übertritt unseres deutschen Reiches in ein neues hochwichtiges Stadium nationaler Entwicklung: Deutschland macht seine ersten Schritte zur Schaffung von Kolonien. Was noch vor wenigen Wochen national gesinnten Männern ein goldener, wenn schon zu verwirklichender Traum dünkte, was von ihren Gegnern höhnisch als ein ›Wahnsinn‹, zu einem ›Fieber‹ gestempelt wurde, das zeigt sich heute in greifbaren Anfängen. ... Unter den afrikanischen Tropen darf der Deutsche deutsch sein und bleiben...« [82]

Innenpolitisch diente die Unterwerfung von fremden Menschen und deren Kulturen in den Kolonien dazu, von den brennenden Fragen der gesellschaftlichen Umwälzungen inmitten einer großen ökonomischen Krise und damit einhergehenden verschärften sozialen Mißständen in Deutschland selbst abzulenken. Die wachsende Unzufriedenheit und drohende Deklassierung breiter Teile der Bevölkerung sollte durch den Kolonialbesitz und die damit verbundene Verheißung einer besseren Zukunft beschwichtigt und kanalisiert werden.

Über den die Einheit der gerade erst erschaffenen deutschen Nation beschwörenden »Pangermanismus« – geboren aus der traumatischen Wirkung der sozialen Krise und auf den daraus entstehenden sozialpsychologischen Dispositionen aufbauend – fanden die aggressiv nach außen projizierten Existenzängste in der Form des Antisemitismus ebenso ein Ventil wie im Traum vom Großdeutschen Reich, das durch den Kolonialbesitz in Übersee mit einem Schlag die gesamten Existenznöte zu lösen verhieß. Die solcherart hochstilisierte koloniale Verheißung entpuppt sich vor dem Hintergrund der realen gesellschaftlichen Situation als Beschwörungsformel einer »Integrationsideologie..., deren systemstabilisierende Funktion die fiktive Aufhebung der Klassenkonflikte durch die Ablenkung derselben nach außen war.«[83]

Die sozialpolitische Ablenkungsstrategie dieser Ideologie zur Kaschierung innerer Widersprüche ist mit dem Begriff des »Sozialimperialismus« zu charakterisieren versucht worden.[84] Im Vordergrund der Rechtfertigung einer kolonialen Expansion und der damit zwangsläufig verbundenen gewaltsamen Unterjochung von Millionen Menschen stand der Versuch der Verknüpfung zweier auf einen einfachen Nenner gebrachter Aspekte. Das Argument, daß ein solches Vorgehen dem Nutzen aller Deutschen diene, wurde an die Behauptung gekoppelt, daß dies auch zum Nutzen der Einheimischen in den Kolonien geschehe. Tatsächlich war die selbst-proklamierte »zivilisatorische Mission« auch des deutschen Kolonialismus aber von der Scheinheiligkeit charakterisiert, »daß die Kolonisierenden vorgaben, die Afrikaner zivilisieren zu wollen, zugleich aber nichts mehr scheuten, als Afrikaner, die sich kulturell anpaßten.«[85]

Da sich diese koloniale Welt immer in den besetzten Gebieten selbst konstituierte, deren Ressourcen (zu denen auch die Arbeitskraft Mensch gehört) ja letztlich Gegenstand des kolonialen Verhältnisses bildeten, war diese strikte Aussperrung zugleich unvereinbar mit der notwendigen Interaktion eines Herr-Knecht-Verhältnisses,

»Sozialistischer« Rassismus

Auch ein überzeugter Sozialist wie Carl Ballod – Parteigenosse von Rosa Luxemburg – läßt in seinen diversen Schriften erkennen, daß der Sozialdarwinismus seine Anhänger unter allen politischen Richtungen findet.

Es kann gar keine Frage sein, daß auch der Sozialist eine gerechte Verteilung der »nahrungssprossenden Erde« anstreben, befürworten, anerkennen muß. Es ist doch keine Gerechtigkeit, sondern höchste Ungerechtigkeit gegen die alten Kulturvölker, wenn man z. B. den Negern allein ganz Afrika überlassen will! Die Neger sollen gewiß nicht zu Arbeitstieren degradiert werden – man mag ihnen das absolut gleiche Recht auf Grund und Boden zugestehen. Aber es ist keine Gerechtigkeit, wenn 305 Mill. »Paneuropäer« sich für alle Zukunft mit einigen 3-3 1/2 Mill. qkm an landwirtschaftlich brauchbarem Boden begnügen sollen, 80-100 Mill. Neger das Fünffache, ein jeder Neger also fünfzehn mal so viel wie ein Westeuropäer behalten soll.

Carl Ballod. Der Zukunftsstaat. Wirtschaftstechnisches Ideal und volkswirtschaftliche Wirklichkeit. 4., vollständig überarb. Aufl., Berlin 1927, S. 290f.

Es wäre schließlich auch nicht nur Rassen- und Volks-Selbstmord, wenn man die fruchtbarsten und ausgedehntesten, zurzeit noch dünn bevölkerten Gebiete des Erdballs ausschließlich den niedriger stehenden farbigen Rassen überlassen wollte, sondern es müßte dies geradezu zum Untergang der Kultur und Zivilisation führen!

Schlußsatz aus: Carl Ballod. »Die wissenschaftlichen Anschauungen der Kolonialpolitik.« In: Die Entwicklung der deutschen Volkswirtschaftslehre. Leipzig 1908, S. XXX/11

das ja genau genommen zugleich die Integration der beherrschten Menschen in das oktroyierte koloniale gesellschaftliche Herrschaftssystem erforderlich machte. Denn die koloniale Arbeitsteilung, »daß der Eingeborene seiner Hände Arbeit in den Dienst der weißen Intelligenz stellt«, wie sie der Staatssekretär im Kolonialministerium, Dr. Wilhelm Solf, gegen Ende der deutschen Kolonialära offenherzig beschrieb,[86] erforderte zumindest den Umgang mit den kolonialen Subjekten im Rahmen der kolonialwirtschaftlichen Strukturen. Im Ergebnis mußte dies letztlich dazu führen, daß die Kolonialherren sich ihre Wilden konstruierten, um diese als Geschöpfe minderwertiger oder gar kulturloser Ordnung in das geschaffene Herrschaftsverhältnis, zum »Negermaterial« degradiert, möglichst zweckdienlich einzupassen.

Das koloniale »Sendungsbewußtsein« dieser Epoche bestand so im wesentlichen auf ideologischer Ebene in der Denunzierung autochthoner Kulturen, sofern diese mit der Ignoranz des Herrenmenschentums überhaupt als solche wahrgenommen wurden. Repräsentativ für die damalige Verklärung der Großdeutschen Kulturmission ist das folgende Zitat aus dem Jugendbuch eines populären Autors: »Dem entschlossenen Mute unserer Afrika-Forscher und der weisen Fürsorge der kaiserlichen Regierung ist es gelungen, in Afrika und in der Südsee weite Gebiete dem deutschen Einfluß zu sichern. Deutschem Fleiße und deutscher Tatkraft ist ein wichtiges Arbeitsfeld gewonnen. Es gilt nunmehr, jene Länder zu erschließen, sie, die in Barbarei versunken sind, zu lichteren Höhen der Gesittung emporzuführen.«[87]

Bereits Jahre vor Deutschlands Aufstieg zur Kolonialmacht hatte im Kaiserreich ein Propagandafeldzug begonnen, der die Eroberung von Kolonien mit solchen und ähnlichen Argumenten verbrämt forderte. Im Geiste des Kolonialenthusiasmus war folglich die Weltanschauung der in die Kolonien auswandernden Siedler geprägt vom Herrenmenschentum, das sich auf die Überzeugung der eigenen kulturellen Überlegenheit stützte.[88] Rassendünkel artikulierte sich darin, daß beim Kontakt mit außereuropäischen Menschen und deren Kulturformen diese entweder gar nicht zur Kenntnis genommen oder zumindest nicht als gleichwertig anerkannt wurden: Die vollständige Beherrschung und Unterwerfung des Fremden läßt sich leichter bewerkstelligen, wenn dieses Fremde nur als verdinglichtes Objekt wahrgenommen wird. Ein typisches Beispiel dieser vorherrschenden Blickweise entstammt den Briefen einer deutschen Siedlerfrau aus der damaligen südwestafrikanischen Kolonie: »Was wissen wir von der Vergangenheit dieses Landes? Jahrtausende tiefster Unwissenheit gingen darüber hinweg. Völker, die bis auf den heutigen Tag den Tieren gleich leben, hausten in ihren Steppen und Gebirgswinkeln. Sie lebten und verendeten darin, ohne irgend einen Sinn des Lebens zu begreifen.« [89]

Mit dieser Sichtweise, die den Landesbewohnern und deren Kulturformen jegliche Sinngebung absprach, ließ sich die bis an Vernichtung grenzende Unterwerfung der afrikanischen Gesellschaften unter das koloniale System ohne Gewissensbisse rechtfertigen. Denn wo nichts war, konnte ja auch nur aufbauend, keinesfalls jedoch zerstörerisch gewirkt werden...

Für die kolonialen Objekte hatte diese Blickweise physisch wie psychisch verheerende Folgen: Die erbarmungslose Vernichtung jeglicher Gegenwehr der Kolonisierten grenzte mitunter an Genozid. Besonders eklatante Beispiele finden sich in der Zerschlagung des »Boxeraufstands«, der »Maji Maji Rebellion« und dem »Aufstand der Herero und Hottentotten« (so die zeitgenössische Terminologie zur Abqualifizierung des autochthonen Überlebenskampfes) in den chinesischen, ostafrikanischen und südwestafrikanischen Herrschaftsbereichen. Diese durch den Widerstand der kolonisierten Bevölkerung ausgelösten Vernichtungsfeldzüge waren allerdings nur die markantesten Beispiele militärischer »Befriedungsaktionen« und Spitze eines Eisbergs alltäglicher individueller und kollektiver Gewalttätigkeit gegen die »andersfarbigen Mündel«.

Mit der nach vergeblicher Gegenwehr mit Waffengewalt erzwungenen Friedhofsruhe wurden in den deutschen Kolonien Verkehrsformen zwischen Kolonisator und Kolonisierten durchgesetzt, die dem Charakter des Gewaltverhältnisses entsprachen. Anläßlich eines Besuchs in der kaiserlichen Kolonie »Deutsch-Südwestafrika« – die als Siedlungskolonie konzipiert wohl das Extrembeispiel der kolonialen Planifikation darstellte – notierte der damalige Kolonial-Staatssekretär Dr. Wilhelm Solf im Jahre 1912: »Den meisten Weißen, insbesondere den Farmern ist der Eingeborene ein Tier. Die Eingeborenen hassen die Weißen, und die Weißen verachten die Eingeborenen. Andere Beziehungen zwischen diesen beiden Polen scheinen nicht vorhanden. Freundlichkeit gilt als Schwäche, Schimpfen und Schlagen als natürliche Verkehrsform.« [90]

Seinen komprimierten Ausdruck fand das Herrenmenschentum insbesondere in den Kulturpolitischen Grundsätzen für die Rassen-

und Missionsfragen des ehemaligen Ansiedlungskommissars für »Deutsch-Südwestafrika«, Paul Rohrbach. Zur kolonialen »Kulturphilosophie« dieses »Freisinnigen« gehörte als einer der Eckpfeiler die strikte Rassentrennung in allen Lebensbereichen. Die Lehre von der »höheren« und »niedrigen« Rasse war die Wissenschaft Rohrbachs und Fundament seines Programms. Darauf gestützt vertrat er die Überzeugung, die Afrikaner seien durchaus nicht »Menschen wie wir« und aufgrund ihrer begrenzten biologischen Entwicklungsfähigkeit nicht imstande, die »Daseinsstufe der weißen Rasse« je zu erreichen. »Blutmischung« müsse deshalb die Weißen mit »prinzipieller Degeneration« bedrohen und ziehe den allmählichen Verlust ihrer »Rassenüberlegenheit« nach sich. Darüber dürfte weder »moralisierende Selbsttäuschung« noch »schwankende Sentimentalität« hinwegtäuschen. Aus dieser »Rassenüberlegenheit« der Weißen ließen sich für Rohrbach auch deren »Herrenrechte« ableiten.[91]

Die solcherart bestimmte Rassenideologie des deutschen Kolonialismus nahm bereits die wesentlichen Elemente dessen vorweg, was im Nationalsozialismus die selbsternannte arische Herrenrasse zur Bemäntelung ihrer Ausrottungspolitik gegen »minderwertiges Erbgut« und ganze rassisch definierte Bevölkerungsgruppen formulierte – und mit tödlicher Konsequenz bis zur Massenvernichtung betrieb. Unübersehbar ist, daß sich ein Teil der »völkischen Human-Anthropologen« die ersten Sporen im kolonialen Genre verdient hatte.[92] Der deutsche Faschismus, in der NS-Zeit als Herrschaftsform auch nach innen praktiziert, ist in wesentlichen Zügen bereits zu Beginn des Jahrhunderts als (Kolonial-)Faschismus in dem Gewaltverhältnis und dessen spezifischer Ideologie einer kolonialen Fremdherrschaft deutlich ausgeprägt. Die Phase deutscher Kolonialherrschaft ist daher – zumindest wenn es um Versuche einer historisch-genetischen Bestimmung des Faschismus in Deutschland geht – nur schwerlich von der nationalsozialistischen Schreckensherrschaft abzutrennen; zu evident sind die Affinitäten des kolonialen Herrenmenschentums zum arischen Rassendünkel.

Dennoch bleibt festzustellen, daß die Tabuisierung unseliger deutscher Geschichte mehr noch bezogen auf das koloniale Thema existiert als in der Verdrängung der nationalsozialistischen Vergangenheit. Von einem der wenigen ernsthaften Kolonialhistoriker hierzulande wird diese außergewöhnliche Verdrängungsleistung folgendermaßen zu erklären versucht: »Die deutsche Kolonialgeschichte ist deshalb auch unerledigt, weil sie die Erinnerung daran wecken kann, daß... in dieser Gesellschaft gewalttätige Traditionen vorhanden sind, die sich nicht auf den ›Dämon‹ Hitler reduzieren lassen, sondern die in sozusagen ›normalen‹ Zeiten, im Grunde in der ›guten alten Zeit‹ sich vollzogen.«[93] Die daraus resultierende »Blindheit gegenüber der eigenen Gewalttätigkeit«[94] hat bis in die Gegenwart zu einem Verherrlichungs- oder – als ergänzende Variante in abgeschwächter Form – zu einem vehementen Rechtfertigungssyndrom im Umgang mit der deutschen Kolonialgeschichte und -ideologie geführt.[95]

„Kolonisation, ganz gleichgültig, ob es sich um Plantagenkolonien oder um Ansiedlungskolonien handelt, heißt die Nutzbarmachung des Bodens, seiner Schätze, der Flora, der Fauna und vor allem der Menschen zugunsten der Wirtschaft der kolonisierenden Nation und diese ist dafür zu der Gegengabe ihrer höheren Kultur, ihrer

sittlichen Begriffe, ihrer besseren Methoden verpflichtet."

Bernhard Dernburg, Staatssekretär des Reichskolonialamtes, 1907. Zitat und Illustration aus: Hermann Klingebeil, Illustriertes deutsches Volks-Kolonialbuch. Kattowitz/Leipzig 1907, S. 14.

Die kolonialen Kontinuitäten im Nationalsozialismus

Hannah Arendts Studien über die »Elemente und Ursprünge totaler Herrschaft« vermochten in den fünfziger Jahren grundlegende Denkanstöße für den ursächlichen Zusammenhang zwischen bürgerlicher Herrschaft, Kolonialismus und faschistischer Diktatur zu liefern, die allerdings in der Rezeption durch die darauf basierende »Totalitarismustheorie« lange Zeit vernachlässigt wurden. In seiner Wiederentdeckung und Würdigung der Thesen Hannah Arendts vermag Peter Schmitt-Egner insbesondere eine Bedeutung in der Feststellung zu erkennen, daß sich faschistische Herrschaftsformen mit der Lenkung im politischen Raum nicht mehr zufrieden geben, sondern sich mit gleicher Konsequenz und Brutalität in private, öffentliche und seelische Angelegenheiten einmischen: »Die klassische Trennung von bürgerlicher Privatheit und Öffentlichkeit ist hier für sie (Hannah Arendt, H. M.) aufgehoben. Rasse und Bürokratie sind also in ihrer Kombination auf der politischen Ebene die Bedingungen dafür, daß Menschen wie Dinge behandelt und total verwaltet werden. Darin sah sie notwendige Bedingungen für das Aufkommen des Faschismus in der Metropole, welche sich bereits in der Kolonie als politische Praxis durchgesetzt hatten.« [96]

Wurde zur Jahrhundertwende noch in den deutschen Kolonien der »Untermensch« zivilisiert (und sei es durch seine Ausrottung), wurde dieses Zivilisationsverständnis zur Wahrung der Reinheit deutschen Blutes zwei Jahrzehnte nach dem kläglichen Ende der deutschen Kolonialära im eigenen Lande praktiziert. Die Disziplinierung und Abrichtung von Menschen bis zu deren Ent-Menschlichung als KZ-Schergen und minutiös buchführende Vollstreckungsbürokraten hatte den Höhepunkt erreicht. Die NS-Herrschaft war die Perfektionierung des Gewaltverhältnisses, durch das die Massenvernichtung ohne Skrupel in völkisch-rassischer Verbrämung erbarmungs- und gefühlslos bis zur letzten Konsequenz betrieben wurde.

Dazu Hannah Arendt: »Je höher entwickelt eine Zivilisation ist, je vollständiger die von ihr geschaffene Welt zur menschlichen Heimat geworden ist, je mehr die Menschen sich in diesem ›künstlichen‹, von menschlichen Künsten entworfenen Gebilde zu Hause fühlen, desto empfindlicher werden sie gegenüber allem, was sie nicht produziert oder nicht verändert haben, desto geneigter, alles als barbarisch zu betrachten, was, wie die Erde und das Leben selbst, auf geheimnisvolle, nie zu enträtselnde Art einfach gegeben ist.« [97]

Die »Unersättlichkeit der Macht« resultierte im zwanghaften Versuch zur Unterwerfung des anderen: »Die bloße Existenz des anderen ist das Ärgernis. Jeder andere ›macht sich breit‹ und muß in seine Schranken verwiesen werden, die des schrankenlosen Grauens«, heißt es in den Philosophischen Fragmenten der »Dialektik der Aufklärung«.[98] Darin stellen Horkheimer und Adorno den expliziten und ausführlichen Bezug zum Antisemitismus als der Extremform rassischer Verfolgung und Vernichtung dar. Doch in der Aufzählung der Opfer als »Franzose, Neger, Jude« machten sie auch deutlich, daß der Antisemitismus als zugespitzte, aber keinesfalls singuläre Erscheinungsform gelten kann, die das rassistische Syndrom lediglich in besonders schrecklicher Weise zutage treten ließ. Ihnen zufolge schließen sich Zivilisation und Rassismus keineswegs aus. Vielmehr ist es die Zivilisation als technische Rationalität und Triebverdrängung zur Beherrschung der äußeren wie der inneren Natur, die den Rassismus als Abwehrverhalten und Projektionsmechanismus nachgerade schafft: »Die Strenge, mit welcher im Laufe der Jahrtausende die Herrschenden ihrem eigenen Nachwuchs wie den beherrschten Massen den Rückfall in mimetische Daseinsweisen abschnitten, ... ist die Bedingung der Zivilisation. Gesellschaftliche und individuelle Erziehung bestärkt die Menschen in der objektivierenden Verhaltensweise von Arbeitenden und bewahrt sie davor, sich wieder aufgehen zu lassen im Auf und Wieder der umgebenden Natur.«[99]

Wer sich dieser Unterwerfung nicht vollständig unterzieht und die Entfremdung (sei es auch nur scheinbar) negiert, provoziert Angstverhalten, Abwehr und Bestrafung: »Gleichgültig wie die Juden an sich selber beschaffen sein mögen, ihr Bild, als das des Überwundenen, trägt die Züge, denen die totalitär gewordene Herrschaft todfeind sein muß: des Glückes ohne Macht, des Lohnes ohne Arbeit, der Heimat ohne Grenzstein, der Religion ohne Mythos. Verpönt sind diese Züge von der Herrschaft, weil die Beherrschten sie insgeheim ersehnen. Nur solange kann jene bestehen, wie die Beherrschten selber das Ersehnte zum Verhaßten machen. Das gelingt ihnen mittels der pathischen Projektion, denn auch der Haß führt zur Vereinigung mit dem Objekt, in der Zerstörung. ... Die Antisemiten sind dabei, ihr negativ Absolutes aus eigner Macht zu verwirklichen, sie verwandeln die Welt in die Hölle, als welche sie sie schon immer sahen.«[100]

Nach all dem – auch in den vorherigen Abschnitten – Gesagten dürfte deutlich geworden sein, daß die Konfiguration »Jude« z. B. durch »Neger« ersetzt werden kann als die Versinnbildlichung des (vermeintlich oder real) Fremden, das es als Bedrohung der eigenen Identität auszumerzen gilt. Als der Traum vom arischen Weltreich mit der Kriegsniederlage Schiffbruch erlitten hatte, wurde – erzwungenermaßen – der verordnete Aufbau einer neuen politischen Ordnung von einer vordergründigen »Entnazifizierung« begleitet. Eine Entkolonialisierung des Bewußtseins dagegen fand nicht einmal in Ansätzen statt. Bezogen auf Deutschlands koloniale Vergangenheit kommt der Historiker Bley so zu der Feststellung, »daß das Bild von der Tradition der Gewalttätigkeit verschüttet blieb, das mühsam genug hinsichtlich Osteuropas sich politisch aufarbeiten ließ.«[101]

Mit der unterlassenen Entkolonialisierung blieb auch der dem kolonialen Syndrom inhärente Rassismus unangetastet. Einzig den generellen Veränderungen im internationalen politischen System war eine Modifikation der Vorurteile geschuldet: Durch die Phase der formalen Dekolonisierung zahlreicher Staaten in der »Dritten Welt« erlangten die Kolonialgebiete die politische Souveränität und traten damit erstmals als politisch-staatlich unabhängige Akteure auf die Weltbühne (wenn auch nur mit zumeist höchst begrenztem Handlungsspielraum). Wie wenig dies anfänglich in der Bundesrepublik Deutschland den offenen Rassismus zurückzudrängen vermochte, belegt eine erstmals 1956 erschienene Ausgabe des Bertelsmann Volkslexikons.

Im Vorwort zur neu bearbeiteten Auflage des Jahres 1963 vermerkt der Verlag: »Wir sind davon überzeugt, daß das starke Streben nach Wissen und Bildung im heutigen Deutschland keine Mode ist, sondern Ausdruck einer echten kulturellen Aufgeschlossenheit, die jeden kritischen Betrachter unserer Zeit mit Hoffnung erfüllen muß.« Unter dem Stichwort »Neger« wird diese Aufgeschlossenheit dann durch die folgende Charakterisierung gefördert: »Der Durchschnittsneger ist mittelgroß, hell- bis dunkelbraun, hat dunkles, krauses Haar, stumpfe, breite, flache Nase, nach vorn gerichtete Kiefer (Prognathie), große, leuchtend weiße Zähne, Wulstlippen, geringe Körperbehaarung und einen, dem Europäer auffallenden, typischen Körpergeruch.«[102] Ein vergleichbares Stichwort »Jude« enthält dieses Lexikon nicht mehr.

»Wer nicht vorangeht, geht zurück«: Eurozentrismus, Rassismus und kolonialer Blick im bundesdeutschen Alltagsbewußtsein

Wie es um das deutsche Gemüt im Alltag der neunziger Jahre unseres Jahrhunderts bestellt ist, verrät u.a. dessen aktueller Sprachschatz. Und der zeigt, daß Menschenverachtung zu unserer Lebenswelt gehört. Die von den Sprachgelehrten zu den »Unwörtern« des Jahres 1991 gekürten Begriffe dokumentieren dies exemplarisch:[103] Platz eins der »Hitliste« fiel dem von Neonazis lancierten »ausländerfrei« zu, Platz zwei gebührt dem Werturteil der Germanistik-Sachverständigen zufolge der »durchrassten Gesellschaft« des CSU-Politikers Edmund Stoiber. Die Jury kommentierte diese Wortschöpfung – eher verharmlosend – als »sprachliche Entgleisung«. Auch die weiteren »Unwörter« zeichnen sich dadurch aus, daß sie Lebendiges zur toten Materie degradieren. Bürokratendeutsch wird so zur Brutstätte inhumaner Formulierungen. Beispiele dafür finden sich u.a. im Vereinigungs-Jargon des »Abwicklungsprozesses« mit Begriffen wie »Personalentsorgung« und »Warteschleife«, mit der Wortschöpfung »intelligente Waffensysteme« im zweiten Golfkrieg, aber auch im berüchtigten Beamtendeutsch mit Umschreibungen wie »Drogenleichenfälle«, »Alterslast« oder »Wartung von Pflegebedürftigen«.

Nicht nur solcherart ideologisch-weltanschaulich aufgeladene Begriffshülsen, die zugleich für einschlägige Denkschablonen stehen und diese transportieren, bedienen sich einer aufschlußreich beredten Sprache. Auch die Kombination von Text und Bild stellt in der Werbung mitunter eine subtile Symbiose her, die auf nicht immer sofort identifizierbaren Prämissen unseres Weltbildes mit seiner spezifischen Vorstellung von Fortschritt und Entwicklung basiert – eines Weltbildes, das von der Geschichte der Ausbreitung Europas – oder anders ausgedrückt: kolonialer Expansion der europäischen Sendboten westlicher Zivilisation – geprägt und unterschwellig im vorherrschenden Selbstverständnis noch immer virulent ist.

Mitte 1990 warb die Daimler Benz AG in ganzseitigen Werbeanzeigen mit einem Johann Wolfgang von Goethe zugeschriebenen Motto: »Wer nicht vorangeht, geht zurück«. Ergänzt wurde der Leitsatz durch eine Bilderfolge, auf der u.a. ein Düsenjet oder Raumschiff, eine riesige Turbine, der Start einer Rakete ins All, Rennwagen aus dem Stuttgarter Stall, ein Cabrio-Sportwagen und ein Lkw mit dem Gütezeichen des guten Sterns zu erkennen waren. Kurzum: ein illustres Sammelsurium von High Tech, gepaart mit einem der Großen in der Geschichte deutscher Dichtung. – Daß dieser ganz andere Vorstellungen vom Reisen hatte als die schwäbischen Auto- und Waffenproduzenten, ist eine andere Geschichte.[104]

Zum Jahreswechsel 1988/89 warb die Stadtsparkasse Frankfurt mit ganzseitigen Zeitungsanzeigen, deren obere Hälfte ein Photo mit dichtem tropischen Regenwald zeigte. Darunter stand in dicken Großbuchstaben: »Mit schnellen Krediten ebnen wir ihnen den besten Weg...« Die Assoziation, die sich aus dieser Kombination ergibt, appelliert wohl kaum an Naturschutzinstinkte zum Erhalt des für uns unüberschaubaren Dickichts und dessen abweisender Fremdheit. Vielmehr geht es – so deute ich die »message« – um die zivilisatorische Aufgabe, die abgebildete Wildnis (die als Metapher zu höchst interessanten Interpretationen Anlaß geben könnte) möglichst effizient einzuebnen und zu asphaltieren.[105] Der beste Weg, so suggeriert nicht nur diese Anzeige, ist in unserer Gesellschaft noch immer der direkteste und der geradlinigste. »Wir machen den Weg frei« lautet so auch schon seit mehreren Jahren die Devise der Volks- und Raiffeisenbanken, die für ihre Geldinstitute in großangelegten Werbekampagnen im häuslichen Fernsehen, den Kinos und in Zeitungen die Trommel rühren. Dabei suggeriert die Kombination von Slogan und abgebildeter Lebenswelt dieselbe Symbolik einer Herausforderung an den Menschen, die Natur mittels ihrer Zähmung bzw. Unterwerfung zu überwinden.[106]

Gemäß dem Motto »Zeit ist Geld« wurden im Auftrag der Deutschen Bundesbahn ganz offensichtlich auch die Trassen der neuen Schnellstrecken gebaut: Brücken und Tunnel gleichen die Abweichungen der Natur aus und korrigieren diese. Und wer dann im IC-Zugbegleiter blättert, wird durch die Anzeige eines Instituts für kosmetische Chirurgie darauf hingewiesen, daß sich der Weg zu neuem Selbstbewußtsein darüber herstellen läßt, daß »eine Laune der Natur« mittels operativer Eingriffe behoben werden könne. Auch die Bankinstitute sind wiederzufinden. Sie werben nun für »Electronic

MIT SCHNELLEN KREDITEN EBNEN WIR IHNEN DEN BESTEN WEG

Banking«, das den Weg noch freier macht. Um dies zu unterstreichen, findet sich der direkte Weg auch als elektronisch gerastertes Bild, das die Erinnerung an die Fernsehübertragung des ferngesteuerten Raketeneinschlags in einem Hochhaus von Bagdad wachruft. – Ein Triumph »technischer Errungenschaft«, der die Relevanz des »Unworts« von den »intelligenten Waffensystemen« bestätigt.

Sprache und Werbung zeigen so bei genauerer Analyse jenseits des ohnehin immer wieder transportierten Sexismus und Rassismus einen kolonialen Blick, der subtiler noch die Grundpfeiler unseres abendländischen Weltbildes und dessen Vorstellungen von Effizienz, Rationalität und Moderne erkennbar werden läßt. Anhand einiger weiterer Beispiele aus unserer bundesdeutschen Alltagswirklichkeit soll dieses Kapitel dokumentieren, daß der nach wie vor dominante Entwicklungsbegriff innerhalb unserer Gesellschaft noch immer einem Zivilisationsmodell geschuldet ist, dem rassistische Vorurteilsstrukturen immanent sind.

Kein geringerer als der damals amtierende Präsident des Bundesverfassungsgerichtes, Prof. Dr. Wolfgang Zeidler, durch sein Amt einer der ranghöchsten Vertreter der Bundesrepublik Deutschland, legte Anfang 1987 ein frappierendes Zeugnis dieser Sichtweise ab. In einer Rede vor der Industrie- und Handelskammer Mittlerer Oberrhein führte der Sozialdemokrat Zeidler unter dem Stichwort »Zurückgebliebene Weltgegenden – Das Beispiel Afrika« u.a. aus: »Der größte Teil Schwarzafrikas befindet sich in einem Zustand wie Europa zur Zeit der Merowinger, um Peter Scholl-Latour zu zitieren. Das ist keine Schande, denn auch wir schämen uns ja nicht für unsere Vorfahren. Nur muß man wissen, daß es noch einige hundert Jahre dauern wird, bis ein Richelieu erscheint – bis zu einem Voltaire dauert es noch etwas länger. ... Demgegenüber hat die Südspitze des afrikanischen Kontinents auf ihrem Wege in die Zukunft vergleichsweise gerade das Viktorianische Zeitalter erreicht, gemessen an der Rassen- und Klassenschichtung ihrer Gesellschaft.«[107]

Derselbe Rechts-Gelehrte hatte bereits zuvor mit einem Diskussionsbeitrag im Rahmen eines Fachseminars an der Universität Saarbrücken zu erkennen gegeben, wes Geistes Kind er ist: »Der durchschnittliche afrikanische Massenmensch, der unerzogen im Busch lebt, hat noch nicht die Erkenntnisstufe der Abstraktionsfähigkeit erreicht. Und wir wollen ihnen unser in 2000 Jahren geformtes Modell der Staatskunst aufzwingen ohne Rücksicht auf die Annahmefähigkeit! Das wäre ja so, als ob man einen Säugling, der drei Tage alt ist, mit Rumpsteak und Pommes Frites füttert!«[108] Von den anwesenden renommierten Kollegen des Juristen meldete kein einziger im weiteren Diskussionsverlauf irgendwelche Bedenken gegen diese Kategorisierung an.

Angesichts solcher Äußerungen liegt der Schluß nahe, »daß koloniales Bewußtsein noch immer politisches Denken und Handeln in der Bundesrepublik bestimmt: Unser Geschichtsbild ist noch immer weitgehend evolutionistisch. Als Fortschritt wird die Produktion immer vollkommenerer materieller Güter begriffen und immer komplexerer sozialer Verhältnisse. Das entscheidende Fortschrittskriterium ist ein technologisches.«[109] Dieser Maßstab von Fortschritt ist bestimmt vom Entwicklungsfetischismus einer Rationalität der Aufklärung im Sinne instrumenteller Vernunft. Er transportiert zugleich die Hierarchie eurozentrischer Weltsicht. Insofern sind wir durch unsere Sozialisation auch weltanschaulich-kulturell vorbelastet. Daraus kann gefolgert werden, »daß Rassismus keine böse Absicht ist, sondern eine Lebensform, ein Bestandteil unser aller kulturellen Identität und unserer ideologischen Vergesellschaftung«[110]. Eine solche Diagnose bedeutet keinesfalls, den Rassismus als unabwendbar zu legitimieren oder auch nur billigend in Kauf zu nehmen. Aber wenn die These von der ideologischen Vergesellschaftung stimmt, ist es nicht verwunderlich, daß wir täglich aufs Neue auch in weniger offener – und mitunter keinesfalls bewußter oder beabsichtigter – Form mit den Fallstricken rassistischer Wahrnehmung und Wertung konfrontiert werden. Und das von Kindesbeinen an.

Wie »Neger« gemacht werden...
Illustration zu dem Kinderbuch »Man nehme vier Quitzel...«
Reinbek 1988, S. 80

»Aus dem Kindergarten« wird in der Herbst-Ausgabe 1990 des Gemeindebriefs der Erlöserkirche Münster berichtet. Dort wurde mit Engagement und inhaltlichem Anspruch versucht, das Thema Afrika eine Woche lang einzuführen. Und zwar erklärtermaßen, ohne »in das Klischee des ›armen Afrikaners‹ zu verfallen«. Als Ergebnis dieser pädagogischen Bemühungen gab es »zwei wunderschöne Maisdachhütten, etliche Körbe, Trommeln, Masken und massenhaft Trubel und Gesang«. Also eine vordergründige Idylle, die für »Afrika« wohl auch nicht charakteristischer ist als die aus wohlmeinender pädagogischer Absicht heraus unterschlagenen Wellblechhütten und Autowracks in den Slums, Bürohochhäuser in den Geschäftsvierteln der Großstädte, Discos und Plastikeimer, Hautbleichungscremes, »Dallas« im Fernsehen, Hunger, Hamburger und Cola. Da wird die eine Seite der Realität zugunsten einer anderen – die damit zur ideellen Fiktion stilisiert wird – ausgeblendet. Das Beispiel zeigt die Schwierigkeit, ganz ohne reduzierende Klischees und Schablonen auszukommen.

Diese grundsätzliche Problematik läßt sich auch da erkennen, wo in Kinder- und Jugendbüchern Menschen zu »Negern« gemacht werden. Aufgrund der Betonung des Fremden, z.T. schon durch markante äußerliche Unterschiede, soll wohl das kulturell Andere eingeführt, deutlich und bekannt gemacht werden. Damit aber wird zugleich eine fatale Verallgemeinerung und Pauschalisierung produziert und unterstützt, die in der kollektiven Abstraktion und der damit einhergehenden, tendenziell unveränderlichen Zuschreibung von Stereotypen (so z.B. die Unterteilung in »die« und »wir«) ihrerseits der Klischeebildung Vorschub leistet. In einem »Kinderroman«, der gar mit dem Oldenburger Kinderbuchpreis ausgezeichnet wurde und auf der Auswahlliste zum Deutschen Jugendbuchpreis stand, wimmelt es ein ganzes Kapitel lang nur so von »Negern«. Diese kreischen, huldigen obskuren Ritualen und benehmen sich wie Wesen von einem anderen Stern...[111] – Die Möglichkeit, daß es vielleicht Gemeinsamkeiten mit Menschen anderer Hautfarbe geben könnte und nicht nur mit Menschen, die sich äußerlich so gut wie nicht von uns unterscheiden, läßt ein solcher Blickwinkel gar nicht erst zu.

Eine Sichtung der einschlägigen Inhalte bundesdeutscher Schulbücher bringt noch immer Erstaunliches bzw. Erschreckendes hinsichtlich der Vermittlung solcher Klischees zutage.[112] Unschlagbar ist dabei die neubearbeitete Auflage des Standardwerks »Terra«. Darin wird mit Hartnäckigkeit die Gültigkeit des kolonialen Blicks bestätigt. Für das 5. und 6. Schuljahr aufbereitet, findet sich am Beispiel von »Kakaobauern in Ghana« der Fortschritt in folgender subtiler Form präsentiert: »Die Vorfahren von Kofi Boahs Familie kannten noch keine Kakaobäume. ... Sie bauten nur Pflanzen zur Selbstversorgung an. Das Dorf war durch Fußpfade mit anderen Dörfern verbunden. Straßen gab es nicht.«[113] Auf die Idee, daß Fußpfade zu jener Zeit die Funktion von ausgebauten Straßen durchaus sinnvoll und effizient zu erfüllen vermochten, kamen die Bearbeiter dieses Unterrichtswerkes nicht. – Ob sie wohl Lehrenden und Lernenden in den Sinn kommt?

Die kleine Klimakarte der Erde

Holgers Weltreise:
So stellt sich der kleine Holger seine Ferien in den verschiedenen Klimazonen vor. ▼

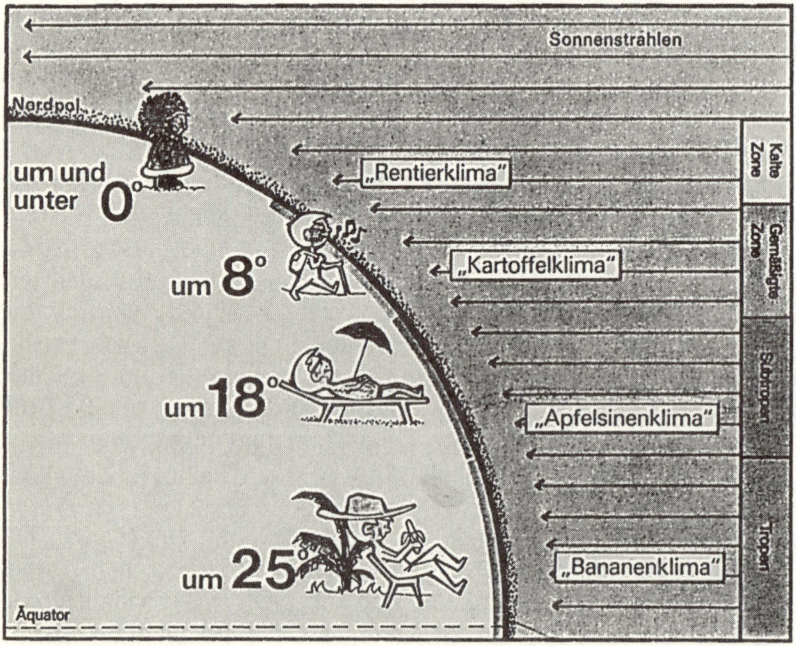

Auch so werden neue Welt-Sichten geschaffen: Die Autoren eines 1985 in überarbeiteter Neuauflage erschienenen Geographiebuchs für das 7. und 8. Schuljahr lassen Holger auf seiner »kindgerechten« (!?) Weltreise durch die Klimaregionen der Erde nur im eigenen »Kartoffelklima« aktiv werden. Ansonsten steht, liegt oder sitzt er passiv da.

Noch viel offener tritt der Eurozentrismus mit all seiner paternalistischen Arroganz schließlich in der Ausgabe für das 7. und 8. Schuljahr zutage: »Rassenvorurteile in aller Welt – und auch bei uns« ist ein Kapitel ungewollt doppeldeutig überschrieben. Darin heißt es aufklärerisch-belehrend (und der Zeigefinger des Pädagogen wedelt mit): »Wer einen Farbigen für dumm und faul hält, gibt ihm keine Chance. Durch Rassenvorurteile wird den Menschen anderer Hautfarbe die Entwicklung außerordentlich erschwert. In vielen Ländern haben Nichtweiße es besonders schwer, beruflich voranzukommen, weil man ihnen die entsprechenden Fähigkeiten nicht zutraut. Zum Glück gibt es bereits Ausnahmen.« Dieser gigantischen Einsicht folgt schließlich die Arbeitsaufgabe: »Auch Menschen anderer Rassen können große Leistungen vollbringen. Nennt Beispiele, sucht Fotos aus Zeitungen und Zeitschriften und stellt sie zusammen.«[114]

Angesichts solcher Arroganz, die sich noch als tolerante Aufgeschlossenheit gebärdet, nimmt es kaum wunder, wenige Seiten später mit einem »Kapitel zum Lesen und Nachdenken« konfrontiert zu werden. Es erhebt den Anspruch, einige Ergebnisse zusammenzustellen, »die für unseren Kampf gegen die Rassenvorurteile wichtig sind«. Unter der Überschrift »Entwicklung ist möglich« ist zu erfahren: »Wer mit dem Kulturstufen-Schema gearbeitet hat, der hat begriffen, daß Menschen kulturell aufsteigen können. Der gibt auch jenen Menschen eine Chance, die heute noch nicht auf unserer Stufe stehen. Daß unsere eigenen Vorfahren auf ›primitiven‹ Kulturstufen gelebt haben, war besonders lehrreich. – Auch Entwicklungshilfe ist nun leichter verstehbar. Die Milliarden, die aus der Bundesrepublik Deutschland in die Entwicklungsländer fließen, sind ja gar nicht nur Almosen für dumme und faule Menschen. Sie können bei der Entwicklung der Menschen helfen und erfüllen dann gewiß einen guten Zweck.« Eine weitere Zwischenüberschrift aber gibt zu bedenken: »Entwicklung ist schwieriger, als das Kulturstufen-Schema vermuten läßt«. Als Begründung folgt: »Die Kulturstufen sind wie eine Treppe: auf den Stufen die Menschen, stehend oder steigend. Ganz oben thronen wir. Unsere Kultur erscheint als Vorbild für die Entwicklung der anderen Kulturen. Das sieht so einfach aus. Die Wirklichkeit ist viel schwieriger: das Hinaufsteigen auf eine höhere Kulturstufe, das Übernehmen einer anderen Kultur, das Aufgeben der eigenen Kultur.«[115]

Zu solcher Bildungswirklichkeit an deutschen Hauptschulen lieferte das Bundesministerium für Wirtschaftliche Zusammenarbeit

Hallo – ich bin der Wolfgang. Der links im Bild mit der grünen Weste. Ich zeige den Kindern gerade, wo ich herkomme und nach meinen Ferien wieder hinfliege. Auf der großen Weltkarte ist das natürlich nur ein Pünktchen, wo ich arbeite, mittendrin in Afrika. Für mich ist es in den letzten zwei Jahren wie meine Heimat geworden. Dabei ist es von zu Hause so weit weg, daß man nur mit dem Flugzeug hinkommt.

Zusammen mit anderen arbeite ich in Afrika als Entwicklungshelfer. Da gibt es so viel zu tun! Oft weiß man gar nicht, was man zuerst anpacken soll.

Nicht nur in Afrika sind die meisten Menschen sehr arm. Davon habt Ihr gewiß schon gehört. Wo Ihr auch hinschaut auf dieser Weltkarte: in vielen Ländern in Afrika, Asien und Lateinamerika herrscht große Not. Dort gibt es zu wenig Schulen. Ärzte fehlen. Wasser ist knapp. Die Ernten reichen oft nicht hinten und vorne. Die Menschen arbeiten hart. Doch es gibt zu viele, die Arbeit suchen und keine finden.

Klar, ich könnte noch stundenlang weitererzählen. Von tollen Erlebnissen wäre genauso zu berichten wie von den Problemen, die es in den Entwicklungsländern gibt. Aber ich mache mich jetzt lieber auf die Socken. Bald muß ich zurückfliegen. Meine Freunde in Afrika warten sowieso schon. Sie sind mindestens so wißbegierig wie Ihr und würden am liebsten alles auf einmal lernen. Da muß unsereins sich schon gewaltig anstrengen, um sie nicht zu enttäuschen.

Macht's gut! Auf Wiedersehen, bis zum nächsten Mal!

Bundesministerium
für wirtschaftliche
Zusammenarbeit

(BMZ) im Jahre 1984 eine Ergänzung: »Von Kindern in fernen Ländern« (so der Titel eines großformatigen Faltblatts, das freigiebig auch an Schulen verteilt wurde) erzählt der bundesdeutsche Entwicklungshelfer Wolfgang während eines Heimaturlaubs, bevor er wieder »mittendrin in Afrika« seinen Dienst an den schwarzen Mitmenschen fortsetzt. Die Bildgeschichte, die mit 18 Illustrationen »kindgerecht« über Entwicklungshilfe zu informieren trachtet, läßt an die Parole »Germans to the Front« denken. »›Entwicklungsländer‹«, so ein Bildtext, »nennen wir solche Länder, in denen es noch nicht für alle Einwohner ausreichend Essen, Wasser, Wohnungen, Schulen und ärztliche Betreuung gibt. Deshalb unterstützen wir diese Länder und schicken ihnen Ärzte, Lehrer, Mechaniker und viele andere Fachleute. Auch Medikamente und Geräte sind dabei.« Wolfgang gehört zu jenen aufopferungsvollen, uneigennützigen Idealisten, die in diesen Ländern mit »unserem Geld« Gutes tun. Dieses Entwicklungshilfe-Märchen (das schließlich aufgrund massiven Protestes sang- und klanglos wieder aus dem public-relations-Repertoire des Ministeriums genommen wurde) zeigt, daß zumindest unterschwellig noch immer mit dem Stereotyp des selbstlosen Sendboten der Zivilisation gearbeitet wird.

Dieser topos ist aber auch noch unter einschlägig internationalistisch orientierten Aktivisten einer Szene virulent, in der das wohl nicht so ohne Weiteres zu vermuten ist. Deutlich wurde dies anhand der Kontroverse um die Neuauflage eines Buches von Albert Schweitzer, die anläßlich des 25. Todestags des Friedensnobelpreisträgers erschien. In einem Vorwort weist Horst-Eberhard Richter zwar auch auf die Ambivalenzen hin, die in den Schriften Schweitzers erkennbar sind, gelangt aber schließlich doch zu der Schlußfolgerung: »Man wird mit einem Pionier vertraut gemacht, der seinen Plan... unter widrigsten Umständen in die Tat umsetzt. Er zieht als Samariter aus, um Lazarus in Gestalt der von schweren Tropenkrankheiten hilflos geplagten Eingeborenen in einer der übelsten Klimazonen Afrikas zu helfen.« ... »Mit Strenge und unglaublicher Arbeitskraft schafft er sich die Bedingungen für einen einigermaßen geordneten Betrieb...« [116] Es fällt schwer, aus einer solchen Charakterisierung des europäischen Humanisten keine Verklärung seines Engagements herauszulesen. Dabei tut sich Schweitzer bei der Verwirklichung seines Lebenswerks nicht leicht. Denn, so Richter: »Es plagt ihn, den disziplinierten Arbeitsmenschen, sich mit der Trägheit und den Unberechenbarkeiten seiner neuen Partner abzufinden.«[117] Hier leistet sich der Analytiker eine Interpretation hinsichtlich der zwischenmenschlichen Beziehungen im »afrikanischen Busch«. Albert Schweitzer nämlich sieht in den Afrikanern, mit denen er es zu tun hat, durchaus keine »neuen Partner« – jedenfalls nicht im Sinne einer Gleichstellung, wie sie Partnerschaft ja impliziert. Unter dem Titel »Soziale Probleme im Urwald«, finden sich unter den zwischen dem 30. Juli und dem 9. August 1914 notierten Bemerkungen auch die folgenden, die lange Ausführungen über die mangelnde Arbeitsdisziplin der »Naturmenschen« beschließen: »... die Hauptsache ist, daß die Brüderlichkeit geistig vorhanden ist. Wieviel sich davon in den Formeln des täglichen Verkehrs auszudrücken hat, ist eine Frage der Zweckmäßigkeit. Der Neger ist ein Kind. Ohne Autorität ist bei einem Kinde nichts auszurichten. Also muß ich die Verkehrsformel so aufstellen, daß darin meine natürliche Autorität zum Ausdruck kommt. Den Negern gegenüber habe ich dafür das Wort geprägt: ›Ich bin dein Bruder; aber dein älterer Bruder.‹«[118]

Auch in einer Rezension des Journalisten Rupert Neudeck,[119] als Vorsitzender des Notärzte-Hilfskomitees Cap Anamur einer der Aktivisten in der »Hilfs-Szene«, wird Schweitzer und dessen Wertschätzung durch Richter ausdrücklich gewürdigt. Al Imfeld, seinerseits ähnlich engagiert im Internationalismus-Milieu, verleitet dies zu einem Kommentar über die wiederentdeckte Vorbildfunktion des von ihm als »Klassiker der kolonialen Humanität« apostrophierten Schweitzer. Als Student hatte er seinen Landsmann Mitte der fünfziger Jahre selbst in Lambarene besuchen können und war von dem Anschauungsunterricht vor Ort desillusioniert worden. Das paternalistische »Negerbild« wirft er seinem früheren Idol als »Kind seiner Zeit« durchaus nicht vor. Allerdings wagt er dessen aktuelle Relevanz in Zweifel zu ziehen: »Daß selbst ein so aufgeklärter Mensch wie Schweitzer voller Überzeugung Bach auf der Orgel täglich in den Urwald hinaus spielte, ›um zu zähmen, zu zivilisieren‹ (steht in meinen Notizen von 1954), ist nur aus der Zeit heraus verständlich, aber bestimmt nicht vorbildhaft für heute.«[120]

Rupert Neudeck wollte diese »Gefühlsverwirrungen« des Al Imfeld nicht unkommentiert lassen und antwortete seinerseits: »Schweitzer war ein ›doer‹, ein Täter, einer, der viel für die Menschen getan hat.« Den Vergleich des »Negers« mit einem Kind will er neben der potentiellen Beleidigung auch als eine Erkenntnis gewertet wissen, »die wahr und alles andere als eine Diskriminierung ist. Manchmal haben wir keine Wahl als das im Sinne von Piagets Entwicklungspsychologie zu sehen«, meint Neudeck weiter und gibt damit nicht zu erkennen, daß ihm die kultursoziologische Problematisierung des Entwicklungsmodells von Piaget in der einschlägigen kulturvergleichenden Erziehungswissenschaft und Soziologie geläufig wäre.[121] Stattdessen bedient er sich des Begriffs »Senioritäts-Prinzip«, der ihm eine solche hierarchische Sicht zu rechtfertigen scheint.[122]

Sicherlich würde es der Komplexität zweier anderer Autoren nicht gerecht, sie der unkritischen Übernahme eines solchen »Senioritäts-Prinzips« zu bezichtigen. Dennoch sorgen sie aufgrund ihrer linksintellektuellen Herkunft für einige Irritation mit ihrer pointierten Kritik dessen, was sie mit »Rituale europäischer Selbstkasteiung« überschreiben: »Alle beklagen wieder des weißen Mannes Last. Aber Jammern hilft nicht: Wir sind zur Dominanz verurteilt.« So wird denn auch die Frage nach dem historischen Verdienst des Kolonialismus als gewaltsamer Modernisierung aus Anlaß der 500-Jahr-Feiern neu gestellt: »Was aber war eigentlich so schlecht am Kolonialismus?« wollen die beiden Professoren aus Gießen in ihrem provozierenden Essay wissen.[123] Die Antwort auf eine solcherart gestellte Frage wurde im übrigen schon längst – von ähnlich »Fragenden« – gegeben: Daß der Kolonialismus nichts als eine frühe Form der Entwicklungshilfe sei, darüber waren sich die einschlägigen Wirtschafts-, Politik- und Wissenschaftskreise eigentlich fast schon immer und bis heute einig.[124]

Wenn aber der Kolonialismus in diesem Sinne als »Weltverbesserung par excellence« durchgehen darf, als eine an der menschlichen Gemeinheit gescheiterte »Menschheits-Utopie«, dann darf solches wohl auch der Stalinismus, Hitler-Faschismus und andere Formen totalitärer Diktatur mit dem Ziel der Menschheitsbeglückung durch Massenvernichtung für sich reklamieren. Sollte so die Forderung zu verstehen sein, der Kolonialismus habe »endlich eine faire Bilanz verdient«?[125] Falls damit – wie von Apologeten des Kolonialismus immer wieder bemüht – schließlich doch nur gemeint ist, daß Robert Koch am Ende Carl Peters aufwog, dann kommen in Analogie zu solcher Aufrechnung in fataler Weise auch wieder Errungenschaften wie der Bau deutscher Autobahnen ins Spiel.

»Die Posthistoire kommt, der Kolonialismus bleibt«, hatte einer des Autorengespanns erst kurz davor einen Aufsatz untertitelt, in dem der Abgesang auf die Entwicklungsidee – sowohl des Kolonialismus wie seiner modernen Spielarten der Entwicklungshilfe – angestimmt worden war.[126] Und andernorts diagnostizierte er in ähnlicher Weise: »Den europäischen Aberglauben nach Afrika zu bringen, war und ist die Mission der Weißen«.[127] Es gehört einige geistige Akrobatik dazu, nun das Klagelied auf die Selbstkasteiung nach fünfhundert Jahren der Entdeckung des Kolumbus anzustimmen. Jedenfalls wird hier in larmoyanter und damit gänzlich unangemessener Form der »Tiersmondisme« und Antikolonialismus eines Jean-Paul Sartre und Frantz Fanon explizit für gescheitert erklärt und als weltfremder Anachronismus beerdigt. Aus der Annäherung von Solidarität und Geschäft – weil erstere am besten klappt, »wenn sie sich auch rechnet« – soll demgegenüber »ein besser organisiertes Programm von Nothilfe und Charity« erwachsen.[128] Als ob's das wäre, was internationale Solidarität fortan auszeichnen sollte. Da gilt wohl der Einwand: »Eine Solidarität, die den Zusammenhang von Gewalt und gesellschaftlichen und internationalen Unrechtsverhältnissen aus den Augen verloren hat, verkommt zum Weihnachtsbasar. ... Unter dem angestaubten Titel ›Imperialismus‹ wurde Unsinn verbraten, zugegeben: Aber selbst da, wo es Unsinn war, deutete er auf reale Herrschafts- und Ausbeutungsverhältnisse.«[129] Daß diese grundlegende Erkenntnis einer postmodernen Beliebigkeit nach dem »Ende der Geschichte« geopfert werden soll, reduziert den Internationalismus auf die Niederungen eines Multikulturalismus, wie er wohl nicht von ungefähr in dem zweiten Essayisten des Autorenduos einen Protagonisten findet.[130]

Die zuletzt bemühten Beispiele sollen verdeutlichen, daß sich die Gefahr eines kolonialen Blicks keinesfalls nur auf Seiten der politischen Rechten stellt. »Gut« und »böse« läßt sich hier nicht trennscharf unterscheiden, solange »auch verständnisvolle, engagierte, linke usw. Deutsche auf der Seite der Macht stehen, die sie – gewollt oder ungewollt – unter den gegebenen Herrschaftsverhältnissen ausüben bzw. mißbrauchen können«[131]. Gewarnt sei vor jenem »Durchblickertum«, das als »anspruchsvollere Spielart des Rassismus« bezeichnet werden kann. Eine Spielart, »die nicht auf Haß, sondern auf Verachtung baut, die nicht an die Emotionen sondern an den Intellekt appelliert. So etwa die Vorstellung der Intellektuellen in den Zentren des Weltsystems, ihre Ideen und Thesen besäßen universelle Geltung, würden Zeit und Raum transzendieren und seien ebenso unparteiisch wie überzeitlich. So sehr die Entwicklung vom göttlichen Gesetz zum Naturrecht als Emanzipation und Liberalisierung zu begrüßen gewesen sein mag, schuf sie doch die logische Grundlage für einen Kulturimperialismus, der sich in das Gewand strikter Wissenschaftlichkeit und kategorischer Imperative hüllte.«[132]

Es ist diese »moderne« Spielart von Paternalismus, Eurozentrismus und Rassismus, die unser koloniales Denken der Gegenwart weitgehend charakterisiert. Eine Patentlösung, solches koloniale Denken zu vermeiden, vermag weder dieses noch die anderen Kapitel zu bieten. Wohl aber den Versuch, zur Bewußtmachung historischer wie aktueller Zusammenhänge beizutragen. Schließlich: »Nicht alle, die heute, im Hin-Blick auf Afrika, über ›neue‹ Annäherungs- und Einfühlungsstrategien sinnen..., sind sich dieser historischen Bezüge bewußt. Aber wir entrinnen der Geschichte nicht – am wenigsten dadurch, daß wir sie nicht zur Kenntnis nehmen. Wer die vielen Spiegelungen um sich herum ungeprüft für Lichtblicke hält, tappt weiter im ›Dunkeln‹. Wer nicht weiß, daß er tief im Labyrinth steckt, findet bestimmt nicht heraus.«[133]

Eis-
Neger
Eis-Neger

Eis-Neger
Unser Eis stets gut
Waldmeister

Deutscher Jahrmarkt-Rassismus
Pützchens Markt, Bonn 1990 (Fotos: Henning Melber)

Ausgrenzung und Vereinnahmung: Apartheid und der edle Wilde – zwei Seiten derselben Medaille

Spätestens seit der Zeit der kolonialen Beziehungen hat sich ein »Negerbild« entwickelt, das mit rassistischen Stereotypen versehen bis heute andersfarbige Menschen (und zwar je dunkler desto stärker) diskriminiert.[134] »Der Afrikaner als Pappkamerad und Kirmes-Kannibale: Zwischen Rassismus und Humor lacht sich der Europäer seine Negerkomplexe ab«, versuchte ein kritischer Beobachter das solcherart geprägte Dominanzverhältnis in der Alltagskultur zu charakterisieren. Doch er irrt, wenn er meint, »die nachkolonialen Klischees sind in den Untergrund gegangen, seelisch, gesellschaftlich«.[135] Sie sind möglicherweise nicht mehr ganz so evident wie zu den »guten alten (Kolonial-)Zeiten«, doch – wie ein Bummel über einen der Jahrmärkte unserer Tage unschwer zu dokumentieren vermag – nach wie vor mitbestimmend für unser eurozentrisches Weltbild. Damit sind diese Exotismen funktional und konstitutiv für Ab- und Ausgrenzungen, die nicht erst bei den »exotischen Außenseitern« beginnen, sondern im gestörten Verhältnis zu Gruppen/Anderen im eigenen Land schon manifest werden (z.B. Schwule und Lesben, Punker u.a.). Das »Negerbild« ist nur eine der augenfälligeren Spielarten eines solchen kolonialen Blicks, der für die Aufrechterhaltung gesellschaftlicher Machtverhältnisse sowohl in bezug auf die Binnenstruktur als auch hinsichtlich des internationalen Systems nach wie vor seine Funktion hat: »So wie die ›Kultur‹ von ›Heimat‹ und ›Kolonie‹ die höchste politische Funktion hatte, die zur Heimat gehörende Kolonie zum festen Bestandteil des Durchschnittsdenkens zu machen, so gehört der neue (und damit gleichzeitig auch alte) kulturelle Rassismus in die Ecke der neokolonialen Ideologiemache, die nach wie vor Feindbilder, Überlegenheitsmuster aus ganz verschiedenen Zusammenhängen zur Sicherung der bestehenden Abhängigkeit benötigt.«[136]

Das Afrika-Bild als Bild der Afrikaner in unserer Alltagsgesellschaft soll an zwei Beispielen nochmals aufgegriffen werden. Sie verdeutlichen Extrembereiche sowohl des kulturellen Relativismus wie auch des kulturellen Universalismus als unterschiedliche Möglichkeiten diskriminierender Betrachtungsweise. Es handelt sich hierbei zwar um besonders auffällige Einzelfälle, die in dieser Form keine Allgemeingültigkeit für das »Durchschnittsdenken« beanspruchen können. Aber als kennzeichnende Elemente, die in der einen oder anderen Form durchaus Eingang in die Alltagswahrnehmung fremder Kulturen finden, sind sie dennoch charakteristisch und symptomatisch. Damit soll gezeigt werden, daß beides, Ausgrenzung wie Vereinnahmung anderer Menschen, dem anderen letztlich nur einen Status als Objekt zubilligt. Eine solche Sichtweise degradiert damit Menschen aufgrund ihrer (vermeintlichen oder auch realen) Andersartigkeit. Sei es, indem sie wegen dieser Zuschreibung ausgegrenzt werden, sei es, indem sie dieser zugeschriebenen Andersartigkeit mit dem Ziel beraubt werden, sie dadurch der eigenen Sichtweise einzuverleiben.

Der »fremde Wilde«: das Dogma der biologisch-kulturell determinierten Andersartigkeit und der extremistische Kulturrelativismus

Noch immer hält sich hartnäckig eine Betrachtungsweise fremder Kulturen, die eine »Andersartigkeit« (implizit gleichgesetzt mit »Minderwertigkeit«) anhand biologisch-kultureller Unterschiede verabsolutiert. Ein »Kulturvakuum zwischen Schwarz und Weiß«[137] wird zum trennenden Faktor, der sozialpsychologisch determiniert ist und Welten schafft, die nahezu unüberbrückbare Gegensätzlichkeiten für die ihnen zugehörigen Menschen aufbauen. Dabei geht die eine Denkweise von einer klaren Wertigkeit aus, innerhalb deren Hierarchie der Europäer – wie gehabt – die höchste Stufenleiter einer (kulturellen) Entwicklung einnimmt, die sich im »modernen« Industriesystem als sozialer Organisation ausdrückt. Großzügig wird diese Lebensweise nicht als exklusiv, wohl aber als für die Mehrheit der Angehörigen anderer Kulturen nicht so ohne weiteres erreichbar begriffen: »Das heißt nicht, daß es nicht voll entwicklungsfähige Schwarze gäbe; aber ihr Anteil ist allein schon biologisch bedingt geringer.«[138] Diese »kulturhistorischen« Determinanten werden zum bestimmenden Trennungsprinzip erhoben, die Kulturgebundenheit von Individuen als nahezu unüberwindbare Grenzlinie verankert. Für die Angehörigen anderer Kulturen als der europäisch-abendländischen gibt es kaum eine Möglichkeit, aus diesem Wahrnehmungsbild auszubrechen.

»Psychologisch bestehen geringe Unterschiede zwischen selbst extrem verschiedenen Rassen. Von den Persönlichkeitstypen findet sich der Typ, den Kretschmer ›basedoiden Typ‹ nennt, in Afrika besonders zahlreich. Leute dieses Typs reagieren mit starken emotionellen Spannungen, haben einen schnellen Gefühlsablauf und psychisch extrem verschiedene Zustände. Dies ist aber auch der Typ, der zuerst seinen Weg zur Partei mit politischen Ideologien nimmt, die jeglichen Verstand überschatten. Eine andere Veranlagung führt zu einem geradezu krankhaften Machtinstinkt, der aber auch mit primitiver Selbstüberschätzung zusammenhängt...

Kausale Zusammenhänge werden schwer erfaßt, zumal das magische Denken bis in Gebildetenkreise hinein noch eine große Rolle spielt. Es überwiegen konkrete Eindrücke, und es mangelt am Abstraktionsvermögen, weshalb in Schwarzafrika keine eigene Entwicklung der Schrift stattgefunden hat. Magische Zeichen sind eine verallgemeinernde Symbolisierung. Die magische Denkweise, die keineswegs verschwunden ist, führt zu unverständlichen Reaktionen und vor allem Mißtrauen. Für viele ethische Begriffe haben die Bantusprachen keine Worte, weil ihr Gesellschaftssystem ohne diese auskommt, wie: Zuverlässigkeit, Verantwortung, Selbstkritik, Gründlichkeit, Genauigkeit, Fortschritt, Charakter, Leistung, Sparen, Verschwendung, Organisationsvermögen und vieles andere...

Die Art und Entwicklung des Akkulturationsprozesses kann man abschätzen, wenn man sich die historische Entwicklung des Erziehungswesens, der Verwaltung, des Gesundheitswesens, der geistigen Kultur und selbst der verschiedenen Kunstäußerungen vergegenwärtigt. Dabei geht als Nebenprodukt der Umstellung vieles von der arteigenen Kultur und gesunden sozialen Ordnung in die Brüche und artet besonders aus, wenn unreife Menschen Politik betreiben wollen oder dazu von außen überredet werden, ohne die nötigen Grundlagen dafür zu haben.«[139]

Selbstüberschätzung als Mangel an Kulturerbe, eine magische statt kausale Denkweise, noch nicht herausgebildete Arbeitstugenden des technisch-industriellen Produktionsprozesses einer bürgerlich-kapitalistischen Gesellschaft sowie eine nur allmählich sich ändernde Wirklichkeitsebene sind die Schlagworte einer solchen Position, die unterschiedliche Lebensformen biologisch-kulturell definiert und dabei die europäische Industriegesellschaft als normativ bestimmendes Kriterium zur Bewertungsgrundlage erhebt. Mit dieser Wertigkeit wird die schon im zweiten Kapitel bemühte »Bürde des weißen Mannes« beschworen, der als Sendbote der Zivilisation noch immer die Pflicht zu erfüllen hat, die Afrikaner zu entwickeln. Die koloniale Denkweise manifestiert sich in diesem Ansatz nahezu unverändert: »Aus einem sozialökonomischen, klassenmäßigen und politischen Problem wird einfach ein kulturelles gemacht. Nicht Kolonialherren und Unterdrückte, sondern ›Zivilisationen‹ stehen sich gegenüber. Schließlich laufen alle diese Theorien darauf hinaus, den Völkern Afrikas zu empfehlen, durch Angleichung der ›Kulturen‹ und ›Zivilisationen‹ den Weg des ›Westens‹ zu gehen.«[140]

Hier zeigt sich der koloniale Rassismus in seiner plattesten Version als erbgenetische, »verobjektivierbare« Interpretation unterschiedlicher kulturgeschichtlicher und humanbiologischer Bestimmungsfaktoren. Die Andersartigkeit wird zur Unterlegenheit. Und auf Grundlage dieser Unterlegenheit der anderen Kultur wird es geradezu zur Pflicht, diese in ihrer Weiterentwicklung zu fördern. Mit dieser Sichtweise läßt sich dann schließlich auch das südafrikanische Apartheid-Regime positiv beurteilen, z. B. durch den emeritierten Professor und ehemaligen Direktor des Hamburger Weltwirtschaftsinstituts H.-D. Ortlieb, seines Zeichens langjähriges SPD-Mitglied: »Der Apartheidgedanke kann also durchaus humanitär gedeutet werden und ist sicherlich von vielen seiner Anhänger auch so gemeint, nämlich als ein auf die Dauer gleichberechtigtes Nebeneinander mit den Bantuvölkern in eigenen Lebensräumen, wenn auch zunächst (und im Hinblick auf den schwierigen Anpassungsprozeß an die Funktionsbedingungen einer modernen arbeitsteiligen Wirtschaftsgesellschaft zwangsläufig nicht bloß für wenige Jahre und obenhin) unter Anleitung und Hilfestellung der Weißen.«[141]

Wie aus dieser Argumentation deutlich wird, vermischen sich hier die Ebenen: Zum einen wird in einer reduzierten Variante des kulturellen Universalismus die europäisch-abendländische Zivilisation zum erstrebenswerten Entwicklungsziel erhoben, deren Bedeutung als höchstes Stadium der Lebensweise nicht mehr hinterfragt wird. Zum anderen wird ein Argumentationsstrang aus der Sichtweise des kulturellen Relativismus umfunktioniert, um unterschiedliche Lebensformen innerhalb einer nationalstaatlichen Einheit gemäß kultureller Unterschiede als »gleichberechtigtes Nebeneinander« zu klassifizieren – was im Falle der südafrikanischen Doktrin der »getrennten Entwicklung« gleichbedeutend damit ist, daß die Schwarzen gefälligst die unterbezahlte, rechtlose Arbeitskraft für das »weiße« System zu bleiben haben...

Eine solche »Scheinheiligkeit« führt schließlich in der Argumentation in den Grenzbereich des extremen Kulturrelativismus, der sich in anderen Formen unzweifelhaft darum bemüht, die kulturellen Unterschiede von Menschen als wertneutral bzw. als Wahrung und Akzeptierung von Eigenständigkeiten verschiedener Kulturen und Lebensformen zu verstehen.

Zu welch unerfreulichen »Allianzen« unterschiedliche (Denk-) Ansätze im Bereich des extremen Kulturrelativismus führen können, dokumentiert das folgende Beispiel, denn die in der Apartheid-Doktrin kulminierende Weltanschauung des pseudo-relativistischen Denkens in kulturell-ethnischen (Stammes-) Partikularismen ist letztlich die überspitzte Konsequenz der »Achtung der Eigentümlichkeit«[142]. Vom hehren Ideal des »Lobes der Verschiedenheit«[143], das von gesellschaftlichen Machtstrukturen gänzlich abstrahiert und aus der Schreibtischperspektive wohlfeile Lippenbekenntnisse zum Homo ethnicus formuliert, bis zu dessen menschenverachtender Pervertierung in der südafrikanischen Apartheid-Variante ist es nur ein kleiner Schritt. Unter dem Stichwort »Ethnopluralismus« liest sich das in einschlägigen Kreisen dann so:

»Mit der Politik der getrennten Entwicklung will die südafrikanische Regierung jedem in den Grenzen der Republik lebenden Volk zur Wahrnehmung des Selbstbestimmungsrechtes verhelfen. Die südafrikanische Regierung erkennt die ethnische Heterogenität der Menschheit an und akzeptiert die Grundsätze des Ethnopluralismus, doch von diesem geistigen Reifeprozeß sind die Integrationsextremisten hierzulande noch weit entfernt. Jedes Volk in Südafrika ist, für sich betrachtet, eine Minderheit. Eine irgendwie geartete Mehrheit, auch eine ›schwarze Mehrheit‹, gibt es nicht. Es sei denn, man spricht in einem Anfall rassistischer Überheblichkeit den schwarzen Völkern ihre ebenfalls in Jahrhunderten gewachsene Kultur ab und klassifiziert sie allein aufgrund ihrer Hautfarbe als ›schwarze Mehrheit‹ ab. Das aber wird von den Angehörigen der schwarzen Völker, sofern sie nicht in den Städten kulturell entwurzelt oder an westlichen und östlichen Universitäten akademisch verbildet sind, entschieden verurteilt.

Forderungen nach einem Einheitsstaat im südlichen Afrika mit einem allgemeinen Wahlrecht nach dem Prinzip ›one man – one vote‹ über alle Volks- und Rassengrenzen hinweg sind unvereinbar mit dem Selbstbestimmungsrecht der Völker und würden überdies zu einem Chaos in Südafrika führen. Wer den Ethnopluralismus, das heißt das Anerkennen der Verschiedenartigkeit von Völkern und Rassen, ablehnt, aber gleichzeitig vom Selbstbestimmungsrecht der Völker spricht, führt sich selbst ad absurdum. Dabei ist es ein Paradoxon in unserer sich ›pluralistisch‹ nennenden westlichen Welt, zwar die Individualität von Einzelwesen zumindest verbal anzuerkennen, eine Individualität auf höherer Ebene jedoch, die Individualität von Rassen und Völkern, zu bestreiten. Ein Widerspruch, der sich wohl nur mit dem Einmaleins der Wall Street lösen läßt. Während hierzulande Alternative aller Art – Schwule, Lesben, Haschbrüder, Müslis usw. – ihre Anerkennung als Minderheiten und Autonomie für ihre Gruppen fordern, wobei sie die Unterstützung moderner Soziologen finden, stehen diese in vorderster Front derer, die den Völkern Südafrikas ihre Identität rauben und sie zu einem Dahinvegetieren in einem Einheitsstaat verdammen möchten.«[144]

Wer meint, gegen solche Verzerrung von Seiten der gar nicht so neuen Rechten in diesem Lande sei die »Alternativ-Szene« gefeit und immun, wird durch eine Kontroverse eines Besseren belehrt: 1984 veröffentlichte ein in der Tradition des linken Internationalismus Ende der sechziger Jahre begründeter und seinerzeit fast zur Legende gewordener Verlag im Zuge seiner esoterischen Neuorientierung ein 20 Jahre zuvor in englischer Sprache auch in Südafrika publiziertes Buch mit dem Untertitel »Ein Medizinmann der Bantu erzählt die Geschichte seines Volkes«[145]. Dies wurde weitgehend positiv rezensiert: »Bündiger als hier etwa wurde selten das notorische Mißverhältnis der Bantu zur modernen Technik beschrieben und begründet.«[146] Dagegen veröffentlichte die Informationsstelle Südliches Afrika in ihrer Zeitschrift zwei aus unterschiedlicher Perspektive argumentierende, kritische bis vehement ablehnende Besprechungen dieses Werkes.[147] Der Verlag fühlte sich daraufhin zu einer Stellungnahme veranlaßt, die gemeinsam mit einer Erwiderung ebenfalls abgedruckt wurde.[148] Aus der Verlagserklärung scheint mir insbesondere folgende Passage erhöhter Aufmerksamkeit wert: »Unter dem Eindruck der Ökologiebewegungen und den Grenzen linker Konzepte in den Entwicklungsländern sind wir immer mehr davon überzeugt worden, wie die ökonomischen Modelle östlicher und westlicher Prägung keine Antwort geben auf die weltweite Krisensituation. Es wurde immer deutlicher, daß eine Rückkehr zu sehr traditionellen Lebens-, Kultur- und Anbauformen zukunftsweisend sein könne. Diese ›Bewegung‹ ist in den hochindustrialisierten Ländern voll im Gange und wird bei den nordamerikanischen Indianern genauso diskutiert, wie bei den europäischen Regionalisten oder australischen Aborigines. Einer der Diskussionspunkte ist die Aktualität des Stammesgedankens. Dabei spielt bei allen Völkern der ›vierten Welt‹ die kulturelle Integrität eine wichtige Rolle, unter dem Eindruck, daß eine *weltweite Rassenvernichtung durch fortschreitende Rassenvermischung* stattfindet. Tausende von Stämmen wurden schon auf diesem Wege ausgelöscht.«[149]

Mag in diesen Sätzen auch einiges Diskussionswürdige stecken, so ist das Vokabular letztlich jenseits jeglicher tolerierbarer »Grauzone« einzuordnen. Es steht für eine Ideologie, mit der vor noch nicht einem halben Jahrhundert hierzulande mit tödlicher Konsequenz das Herrenmenschentum »Minderheiten« auszurotten versuchte – ergänzt von der positiv-paternalistischen Vorstellungswelt eines »unverdorbenen Naturmenschentums« in außereuropäischen Gesellschaften. So begibt sich hier ein Denkansatz in gefährliche Nähe ultrareaktionärer Ideologie, die ebenfalls einer »Spielart« – wenn auch tödlichen – des kulturellen Relativismus huldigte... Wenngleich keinesfalls identisch oder auch nur im engeren ideologisch verwandt mit dem eingangs dieses Abschnitts dokumentierten Determinismus, muß ein extremer Kulturrelativismus der hier vorgestellten Art letztlich damit rechnen, zum Handlanger reaktionärer Ideologie mißbraucht zu werden oder diese gar selbst zu transportieren.

Der »edle Wilde«: die Mystifikation des Exotischen als Europäisierung des Anderen

Wenden wir uns nun einem vermeintlich entgegengesetzten, letztlich aber ergänzenden topos zu, dessen Klischeehaftigkeit in unterschiedlichster Ausformung den alltäglichen Rassismus einer eurozentrischen Betrachtungsweise demonstriert. Die Mythologie des »edlen Wilden« als Sinnbild europäischer Projektionen hat nicht nur historisch weit zurückreichende Traditionen einer Zivilisationsflucht und -kritik.[150] In seiner mystifizierten Form wie auch der Umkehrung in die »Europäisierung des Exotischen« ist der »edle Wilde« im

Kontrast und ergänzend zu den Horden des Dschinghis Khan ein Bild, mit dem ganze Generationen konfrontiert werden und aufwachsen: Sei es als Winnetou, dem »Häuptling der Apachen« in der Märchenwelt Karl Mays, als »Onkel Tom« in Harriet Beecher-Stowes Rührstory oder auch in der Romanfigur des Dieners Freitag in Daniel Defoes 1719 entstandendem »Robinson Crusoe«, um nur drei der prominentesten Beispiele solcher Darstellung anzuführen.[151]

Fiktionen dieser Art tragen ebenfalls zur realitätsfernen Bestimmung des Bildes bei, das wir von den außereuropäischen Kulturen und deren Menschen haben. Ob diese nun – negativ besetzt – als inferiore Naturwesen oder aber verklärend überhöht als die ursprüngliche Natürlichkeit in all ihrer edlen Anmut und Reinheit, vielleicht auch in einer Zwischenform als letztlich gar nicht so fremde, gutmütige und anpassungsfähige Exoten wahrgenommen werden, im Endeffekt versperrt jede dieser Blickweisen auf ihre Art den vorurteilsfreien Zugang durch die Beraubung der Identität. Dies verdeutlichen auch zwei literarische Beispiele, die sich hauptsächlich darin unterscheiden, daß zwischen dem Zeitpunkt der jeweiligen Niederschrift ein Jahrhundert liegt...

In der 1881 verfaßten Geschichte des spanischen Seefahrers Don Correa und der exotischen Schönheit der später auf Maria getauften, geehelichten Sklavin Zambo von edlem Geschlecht schuf der keinesfalls unbekannte deutsche Dichter und Schriftsteller Gottfried Keller ein typisches Beispiel der eurozentrischen Verklärung »wilder Naturmenschen«. Nachfolgende Ausschnitte aus der Erzählung[152] verdeutlichen, daß diese Art deformierter Betrachtungsweise, die in der übersteigerten Verklärung eines fiktiven Menschenbildes ihren Ausdruck findet, wohl kaum dazu geeignet ist, bestehende stereotype Wahrnehmungsmuster in bezug auf Menschen außereuropäischer Gesellschaften abzubauen. Das Bild des barbarischen, kulturlosen Halbmenschen wird lediglich durch eine paternalistische Fiktion ersetzt, in die unsere Sehnsüchte und Projektionen Eingang finden: »Nur die hellbraunen Schultern und die Arme waren bloß und in Formen von vollkommener Schönheit und Ebenmäßigkeit gebildet. Das Haar erschien trotz seiner Ebenholzschwärze nicht so wollig wie bei den Negern, sondern fiel in weicheren breiten Bändern rings vom Haupte...« Diese (nicht-negerhafte) Anmut erregte – »obgleich gegen Sklaven und farbige Menschen gleichgültig und verhärtet wie die ganze gebleichte Welt« – Don Correas Interesse: »Da stand sie nun vor ihm mit vor Scham niedergeschlagenen Augen, und eine Purpurröte wallte sichtbar über die braunen Wangen. Übrigens war die Gesichtsbildung edel, wenn auch an den Schnitt altägyptischer Frauengesichter erinnernd oder sonst an verschollene Völkerstämme alter Zeiten. Verwundert über die vornehme Anmut der ganzen Erscheinung, legte er die Hand unter ihr kurzes Kinn und drückte es sanft in die Höhe, so daß sie den Kopf zurückbiegen und ihn mit den mandelförmigen Augen ansehen mußte. Da sah er sowohl in diesen dunklen Augen als auf dem kirschroten Mund die stumme Klage und Trauer der leidenden Natur, die immer das Herz des Menschen rührt...«

Don Correa, im Banne dieser Sklavin, die als Gastgeschenk der Herrscherin Loandas für ihn gedacht war, »beschloß ... auf derselben Stelle, die heidnische Sklavin in den Besitz der menschlichen und christlichen Freiheit und des Selbstbewußtseins zu setzen«. Zu welchem Zwecke »er das Weib sofort nach Loanda in das Haus einer seiner Offiziere bringen ließ«. Dort in europäische Bekleidung verpackt, vermochte »die unschuldige und weltursprüngliche Demut ihres Antlitzes, verbunden mit dem natürlich edlen Gang«, diese augenfällige Akkulturation zu überstehen. Die Sklavin Zambo blieb exotisch, und wie das beschriebene Äußere bereits signalisierte, hatte sie mit »Negern« ja ohnehin nichts gemeinsam. Der Admiral ließ sie taufen, und während der Zeremonie stellte die Predigt »die erbauliche Vorstellung« an, »daß Zambo ein letzter Nachkomme der weisen Königin von Saba sei und nun erst das Heil erworben habe, das diese merkwürdige Vorfahrin im Alten Testament bei den Juden vergeblich gesucht«. Zambo hieß fortan Maria, und der nächste Programmpunkt der Zivilisierung war »das Trauungsfest, welches er (Don Correa, versteht sich, H.M.) ohne Zaudern herbeiführte«. Und die Attraktion dieser Hochzeit war natürlich die Erscheinung Zambo-Marias, dieses Engels aus dem Urwald: »Der breite stehende Spitzenkragen, der silberdurchwirkte Schleier und die in das Haar geflochtenen Perlenschnüre, das auf dem freien Teile des Busens liegende Diamantenkreuz hoben ihre dunkle oder vielmehr hellbraune Farbe wie etwas Selbstverständliches, ja Einzigmögliches hervor, und ihre angeborene schlanke und gerade Körperhaltung war so edel, daß Don Correa, als ein gelehrter Geistlicher unter den Gästen ihm flüsternd anerbot, einen Stammbaum zu erfassen und ihre Abkunft auf die Königin von Saba zurückzuführen, stolz auf ihre Haltung hinwies und sagte, es sei nicht nötig. Der fremdartige Reiz der ganzen Erscheinung wurde aber noch erhöht durch die über sie ausgegossene natürliche Demut und den träumerischen Glanz ihrer Augen, welche verrieten, daß sie nicht recht wußte, was mit ihr vorging...«

Zambo-Maria, das dürfte deutlich geworden sein, ist das Sinnbild der vergötterten, außereuropäischen (oder eigentlich außerirdischen) Schönheit, die wir zivilisationsgesättigten Gemüter in der exotischen Fremde suchen und dank unserer Vorstellungskraft auch finden – uns zumindest von cleveren Reiseveranstaltern und anderen Geschäftemachern, die mit Exotismen handeln, bereitwillig aufschwatzen lassen. Die Sex-Bomber nach Südostasien oder hierzulande die Puffs mit Thai-Frauen und der Menschenhandel mit Ehefrauen in spe aus fernen Ländern sind aktuelle Beispiele solcher exotischer Dschungelphantasien, die wie im Falle Zambo-Marias aus Ingredienzen aller uns fremden, exotisch-erotischen Traum-Welten bestehen und die beabsichtigte, verführende Wirkung ausüben.[153]

Sexualität hat zumindest in Männergesellschaften wie der unseren meist auch mit Macht und Herrschaft zu tun, und letztere sind zugleich elementare Bestandteile eines kolonialen Verhältnisses. Zambo-Maria wie die Asiatinnen, deren Körper heute zum Lustgewinn feilgeboten werden, sind Beispiele eines solchen sexistischen Kolonialverhältnisses, das auch mit Stereotypen des »edlen Wilden« operiert. »Seit den ersten Berichten über Tahiti«, schreibt Stein in den einleitenden Bemerkungen des von ihm herausgegebenen Lesebuches, dem auch die Erzählung »Don Correa und Zambo-Maria« entlehnt ist, »wurde im globalen Maßstab die Südsee zum mehr oder minder imaginären Eros-Center der Weißen.« – »In Wirklichkeit«, folgert er, »ist der betörende Liebreiz der Südsee der Jammer der Weißen.«[154]

Die Verklärung des Menschen in uns fremden Gesellschaften, dessen edle Naturwüchsigkeit und unverdorbene Lebensweise ist topos nahezu aller Epochen seit der »Entdeckung« der außereuropäischen Welt gewesen. Wer meint, dies als Zeichen einer unvoreingenommenen Aufklärung verstehen zu können, wird durch die Beispiele in Steins Lesebuch eines Besseren belehrt. Zambo verkommt in der Schilderung Kellers zum Zombie... »Die fundamentale Beuteperspektive des Entdeckers, der alles, was er erblickt, schon im voraus seinen Besitzansprüchen unterzogen hat, steht prägend am Ursprung der Begegnung, und das Bild vom edlen Wilden zollt ihr reichlich Tribut. ... Der edle Wilde ist eine Funktion des Kolonialismus.«[155]

Heute ist dieses Bild des »edlen Wilden« auch in Kreisen der »Alternativ-Szene« auszumachen, ohne hinsichtlich der damit verbundenen Implikationen einer »Beuteperspektive« ideologiekritisch hinterfragt zu werden. So u.a. in den literarischen Werken eines friedensbewegten Lehrers, der durch einen Auslandsaufenthalt in Diensten der deutschen Schule in Windhoek zur Beschäftigung mit dem Thema Namibia gelangte. In »Judith«, aus einem Band mit Prosa und Gedichten, zu dem Petra Kelly ein freundliches Vorwort beisteuerte, gibt er folgende Charakterisierung seiner Titelfigur, einer afrikanischen Prostituierten:

»Fast jeden Tag sah er sie am gleichen Platz, erkannte sie stets wieder, obwohl sie öfter andere Kleider trug, leuchtende Stoffe, doch nicht grell aufdringlich nach Art ihrer Berufsgenossinnen in Europa, sondern in dezenten Mustern und nach neuestem und feinstem Schnitt, schmeichelnd geschmiegt um ihre vollkommenen Formen und mit ihrer Helligkeit einen harmonischen Kontrast schaffend zu der tiefglänzenden Ebenholzfarbe ihrer schwarzen Haut. Sie war ein Hereromädchen, und obwohl sie nicht mehr die alte Tracht trug – die knöchellangen Röcke und das hoch aufgesteckte Kopftuch –, zeigte sie doch den hohen und schlanken Wuchs, den stolzen Gesichtsausdruck und die gelassene Anmut dieses hochmütigen Stammes.

Er sah sie stets müßig, doch immer wach und heimlich gespannt, ohne herausfordernd zu wirken. Er hegte keinen Zweifel über die Art der Beschäftigung, der sie nachging: die Umstände ihres Auftretens sprachen eine allzu deutliche Sprache. Anfangs wunderte er sich, daß diese Tatsache so wenig Abstoßendes für ihn hatte. Er hatte bisher nie mit Mädchen dieses Metiers zu tun gehabt, einfach weil sein Gefühl für Geschmack oder die strenge Erziehung seines Elternhauses ihn daran gehindert hatten. Aber im Falle dieses Mädchens war alles anders. Er hatte keine Beweise, keine rationale Erklärung, er spürte nur in seinem tiefsten Innern, mit einer letzten, untrüglichen Gewißheit, daß sie anders sei als die andern, daß sie nicht zu denen gehörte, die nur schamlos um Geld ihren Leib feilboten, sondern daß sie im Innersten noch heil und unverletzt war, dienstbar einem anderen, höheren Auftrag, gehorsam einem Ruf, dessen Wesen und Ziel ihm noch verschlossen war.«[156]

Judith, ein Opfer der Begierde des europäischen Betrachters, nimmt natürlich ihre Geschäftsinteressen wahr – in der Wahrnehmung des weißen Kunden dagegen schlägt sich dies dann in der folgenden europäisch-afrikanischen Vereinigung nieder:

»Glut, sich entzündend an Glut, Blick, Leib an Leib. Zwei Körper, ein weißer und ein schwarzer, einander anziehend und sich findend, verschränkt dann, verkettet ineinander, als ob es niemals die Schranke gegeben hätte, die die schwarze von der weißen Haut geschieden hielt mit unerbittlicher Strenge. All die Zeit kaum ein gesprochenes Wort, nur Lauschen auf des anderen Herzschlag, das rollende, dunkel pulsierende Blut, das tiefer verband, als je Worte können. Rollt dein Blut nicht rot wie meines? denkt er, heiß atmend an ihre kleinen festen Brüste geschmiegt, – fühlt es, erregt es sich nicht wie meines, welcher Art auch die Farbe der Haut sei, unter der es rinnt? Und ist Blut nicht das Letzte, das Innigste, das uns Menschen gegeben ist?... Ihre Augen: groß geöffnet gegen ihn, klar und doch unermeßlich tief: zwei dunkle Brunnen ohne Grund. Dennoch taucht er in sie ein, sucht in ihnen, stürzt seinen Blick in sie, ein schweres, zitterndes Lotblei. Aber er findet nur Wände aus Glas, nicht Boden. Da schließt er die Augen, und Angst befällt ihn, kriecht kalt durch seine geschlossenen Lider.

Er preßt sich an sie, sucht Angst zu töten im heißen Atem ihres Mundes, im warmen Rausch ihres erregten Blutes. Fast gelingt es ihm. Ihr Leib hält seinen Liebkosungen bebend still, scheint unendlich willig. Immer kühner sein Ansturm, heißer seine Umschlingung: Es darf nicht enden! denkt er atemlos, in einer brausenden Entrükkung. – Werde eins mit mir, ganz eins! Tag, bleib fern!

Nacht, dunkle Mutter, birg uns in der Tiefe deines Schoßes! ... Ich habe dich je und je geliebt, Nacht, Leib, Land, – ich werde eingeweiht in das dunkle Mysterium dieses Kontinents, ich habe teil an seinem unruhevoll, pulsierenden, unerschöpflichen Leben... Unser Blut, Liebe, durch jahrelangen Haß verwirrt, erregt gegeneinander, fließt nun in einem Strom. – Ich werfe meinen Leib in diese Schlucht, die klaffte zwischen uns. Unsere verschränkten Körper spannen sich über den Abgrund als eine lebendige Brücke... Glut flackert, Glut in der Nacht, Glut in Afrika, eint, was getrennt war...«[157]

Wahrlich, auch Erfolgsautoren vom Schlage eines Konsalik hätten sich kaum einer anderen Sprache bedient... Mit dem Unterschied, daß die jeweiligen Zielgruppen der Autoren politisch wohl kaum etwas gemeinsam haben außer der exotisch-mystischen Romantik der (zugleich sexistischen) »Beuteperspektive«. Ein Phänomen wird hier deutlich, das – wie schon im ersten Abschnitt dieses Kapitels dargestellt – merkwürdige Berührungspunkte in der »Grauzone« des »Schwarz-Weiß-Kolorits« produziert: Ob nun aus paternalistisch-überheblichen oder emanzipatorisch-partnerschaftlichen Motiven heraus – in beiden Fällen wird das Andere, vermeintlich oder tatsächlich Fremde, entmündigt und vereinnahmt, damit letztlich zum passiven Objekt degradiert. Die Gratwanderung der Kulturbegegnung, das jedenfalls wird deutlich, findet nur einen sehr schmalen Pfad vor. »Ausrutscher« passieren nur allzu schnell!

Anders und doch gleich – eine notwendige Gratwanderung

Angesichts dieses Balanceakts fällt es schwer, erfolgversprechende Rezepte zu formulieren, die aus dem Dilemma der Mißverständnisse im Umgang mit der eigenen und der fremden Kultur herausführen und das kolonialideologisch geprägte oder zumindest doch immer noch latent paternalistische Bewußtsein hinter sich lassen. »Das Fremde verstehen«[158] ist auch für diejenigen schwierig, die dafür sensibilisiert sind und die Bereitschaft dazu zeigen. Zu den Voraussetzungen jedenfalls scheint eine Offenheit zu gehören, die unsere Kulturgebundenheit und deren Blickweise zumindest zu relativieren sich bemüht, um zu einem halbwegs vorurteilsfreien Blick zu gelangen.[159] Die Existenz unterschiedlicher Kulturen ist auf dieser Grundlage erst einmal werturteilsfrei festzustellen: »Da aber das Urteil über fremde Kulturen schon immer von den vorgegebenen Wertvorstellungen und Zielsetzungen der eigenen Kultur geprägt ist, kann es demnach keine *objektiven* Kriterien geben, die erlauben würden, eine Rangskala der Kulturen zu errichten, in deren Rahmen die eine als primitiver, die andere als fortgeschrittener, die eine als inferior, die andere als superior einzustufen wäre.«[160]

Die von Urs Bitterli als Schlußsatz seiner umfangreichen Darstellung über die europäisch-überseeische Begegnung und deren geistesgeschichtlichen Niederschlag formulierte Aufgabe stellt sich als Forderung noch immer in gleicher Dringlichkeit, nämlich »das Andersartige als solches achten zu lernen und sich ihm gleichzeitig vor dem Hintergrund einer elementaren menschlichen Gleichartigkeit verwandt zu wissen.«[161] In der bundesdeutschen Wirklichkeit, in der neben ungebrochener Kolonialideologie auch die »neue« Ausländerfeindlichkeit an Boden gewinnt, in der »Krisenbewältigung« wie vor hundert Jahren durch aggressive Projektionen ventiliert und kanalisiert wird, in der Rassismus und Sexismus als Alltagsphänomene ähnlichen Ursprungs ebenso manifest werden wie die selbstgerechte, paternalistische Hilfsmentalität gegenüber »Entwicklungsländern«, sollte die Entkolonialisierung des Bewußtseins endlich als vordringliche politische Verpflichtung auch uns selbst gegenüber ernst genommen werden.

»Der gefräßige Neger«
Französisches Geduldsspiel – inzwischen auch im deutschen Handel

Deutschlands »dienstältester Neger« (entstanden 1918, Abb. hier um 1928)

Ein aktuelles Produkt auf dem deutschen Markt

Mythos multikulturelle Gesellschaft: Rassismus und Nationalismus... ... Klassengesellschaft und Staat

Anfang Oktober 1991 gründete sich eine »Deutsche Liga für Volk und Heimat« als Sammelbecken rechtsradikaler Kräfte in Form einer bundesweit agierenden Partei. Ihre Namensgebung spiegelt substantielle Programmatik rechter Parteien wider, deren ideologischer Kernbestand mit den Schlagworten von »Volk« und »Nation« umschrieben werden kann. Als gemeinsame Auffassung dieser Rechtsparteien kann eine eindeutige Präferenz des Kollektivs gegenüber dem Individuum herausgefiltert werden. Ihnen »ist ein antiliberales und antidemokratisches, obrigkeitsstaatliches Denken« gemeinsam, in dem »das Kollektiv ›Nation‹, oder ›Staat‹ möglichst homogen zu sein habe«.[162]

CDU-Wahlplakat für die Hessischen Kommunalwahlen 1989

So weit nach rechts freilich muß der suchende Blick in der deutschen Gesellschaft der Gegenwart gar nicht schweifen, um Zusammenhänge von Rassismus und Nationalismus erkennen und dokumentieren zu können. Beim Spaziergang in der Innenstadt Stuttgarts wurde der sächsische Justizminister Heitmann sinnlich wahrnehmbar mit so viel »ausländischen« Sprachen und Menschen konfrontiert – um nicht zu sagen, davon überrumpelt –, daß er sich fragte, ob er hier denn noch zu Hause sei. Der Theologe und Jurist kam inmitten dieser unerwarteten Identitätskrise (die sich pikanterweise erst in der Zeitrechnung »nach Hoyerswerda« ereignete) zu dem Schluß, daß »Deutschland das Recht haben muß, seine kulturelle Identität zu wahren«. Heitmanns Amtskollege, der sächsische Innenminister Eggert, forderte passend hierzu: »Ausländer müßten künftig gleichermaßen geschützt werden wie Deutsche. In Hoyerswerda nämlich hätten sich ›die Bürger nicht geschützt gefühlt vor dem Leben der Ausländer‹.«[163]

Im folgenden sollen einige Aspekte des Wechselspiels von Nationalismus und Rassismus, wie es sich in diesen Eingangsbeispielen des bundesdeutschen Alltags manifestiert, in entstehungsgeschichtlichem Zusammenhang skizziert werden. Dabei geht es allerdings nicht um spezifische Details, die zum Werdegang des »deutschen Wesens« als vermeintlich schützenswerter nationaler Eigenschaft beigetragen haben, sondern um einige allgemeinere Thesen zur Analyse des Phänomens.[164]

Identitätsstiftende Grenzziehungen

Der »moderne« Nationalismus wurzelt in Kultur und Staat sowie deren Kombination im Entstehungsprozeß der bürgerlichen, industriell-kapitalistischen Gesellschaft. Rassismus wohnt diesem Nationalismus im Zuge seiner Durchsetzung als ideologische Klammer und einheitsstiftender Kitt neuer sozio-ökonomischer und politischer Formationen inne.

Im Gegensatz zur euphorischen Offenheit, mit der noch die kosmopolitische Strömung unter den französischen Revolutionären im August 1792 im internationalistischen Glauben an die Aufklärung auch aus anderen Ländern stammende Anhänger des Revolutionsgedankens als »Verbündete des französischen Volkes« zu Ehrenfranzosen erhob und diesen den Titel eines französischen Bürgers verlieh,[165] vollzog sich schon kurz darauf mit zunehmender Betonung der Sprach- und Kulturgemeinschaft eine drastische Verengung des Nationalgedankens und seiner praktisch-politischen Auslegung. Ab Mitte des 19. Jahrhunderts schlug sich diese bornierte Sichtweise als Abkehr vom kosmopolitischen Universalitätsgedanken in einer immer stärkeren Verbindung von Rassismus und Nationalismus nieder. Die unheilige Allianz fand ihren Ausdruck in der Konjunktur von Rassen-«Theorien« (verknüpft mit Namen wie Gobineau, Chamberlain, Le Bon und Haeckel). Die Konzepte von »Rasse« und »Nation« gingen dabei ineinander über, so daß sie fast synonym verwandt wurden, »wobei nach damaliger Mode ebenso wild über allgemeine Merkmale eines Rassen- und Nationalcharakters spekuliert wurde«[166].

Wie ein Schulbuch heute »Rassen« definiert...

Unverändert finden sich in deutschen Schulbüchern Spuren des biologistischen Rassismus, der über die Einteilung von Menschen nach vorgeblich natürlichen »Rassenmerkmalen« Unterschiede zu- und festschreibt. In diesem Falle handelt es sich um einen Text aus einem 1985 in überarbeiteter Neuauflage erschienenen Geographiebuch für das 7. und 8. Schuljahr.

□ Die **Einteilung in Rassen** wird besonders durch das Sichtbare am Menschen bestimmt, in erster Linie durch Farbe und Beschaffenheit der Haut, der Haare und der Augen. Als Grundlage für eine große Gliederung der Rassen gilt die Hautfarbe. Die Haut besitzt Farbstoffe (Pigmente), die bei den Menschengruppen verschieden verteilt sind. Danach werden zunächst drei große Gruppen unterschieden: Menschen mit wenig Farbstoff in der Haut = Weiße, Menschen mit gelblicher Hautfarbe = Asiaten, Menschen mit dunkler Hautfarbe = Neger. Man könnte nun die Indianer zur asiatischen Rasse rechnen und die Australier zu den Negern. Wenn man aber die Indianer und die Australier getrennt aufführt, ergeben sich fünf große Gruppen.

Rassenmerkmale

Weiße — Haut- und Augenfarbe überwiegend hell, Haare schlicht bis gewellt, dünne Lippen, schmale Nase, starker Bart.

Asiaten — gelb bis gelbbraune Haut, schwarzes straffes Haar, flaches Gesicht, schwacher Bart, häufig Mongolenfalte.

Indianer — ähnlich den Asiaten, aber rötlich-braune Haut, krumme Nase.

Neger — Haut-, Haar- und Augenfarbe dunkel bis schwarz, krauses Haar, oft wulstige Lippen, schwacher Bart.

Australier — ähnlich den Negern, aber oft schlichtes Haar, starker Bart, starke Brauen, fliehende Stirn, tiefliegende Augen

---

Nationale Identitäten konstituieren sich in Form territorialer und geistiger Grenzziehungen gegenüber Minderheiten. Dabei geraten solche Grenzziehungen zur ideologischen Demarkationslinie zwischen Fortschritt (=*Wir*) und Rückständigkeit (=*Die Anderen*). Sie verankern wertende Hierarchien einer unilinearen, evolutionären (Natur-)Entwicklung menschlicher Gesellschaften. Bei entsprechender Machtposition kann dies im übrigen auch dazu führen, daß sich mit derselben Grenzziehung eine quantitative Minderheit zur qualitativen Mehrheit erhebt, indem sie die ausschließliche Definitionsmacht beansprucht und in gesellschaftliche Realität umsetzt. Dies gilt z.B. für die geschlechtsspezifische Dominanz in den patriarchalischen Verhältnissen sowie hinsichtlich des Rassismus für die koloniale Situation, die sich in den Verhältnissen Südafrikas bis in die Gegenwart deutlich erkennbar fortsetzt.

Die solcherart vorgenommenen und hierzulande nicht ganz so offenkundigen aber dennoch virulenten Grenzziehungen naturalisieren und verabsolutieren. Differenzen werden zu biologisch-genetischen Determinanten oder kulturell unveränderlichen Dispositionen stilisiert. Sie gelten als »Arteigenschaften«, »Charakter-«, »Mentalitäts-« oder »Wesensmerkmale« und werden dadurch mit der Aura des Statischen und Unveränderlichen versehen. Angesichts ihrer Nähe ist es weitgehend unerheblich, ob der praktizierte Rassismus auf biologischen oder kulturalistischen Konstrukten beruht. Sie bilden meist ein diffuses Konglomerat – und den davon Betroffenen dürfte die ursächliche Zuordnung ihrer Herabwürdigung in die eine oder andere dieser beiden Kategorien sowieso ziemlich egal sein. Rassismus und Nationalismus sind also keinesfalls identische Phänomene, aber doch »miteinander verbunden durch die Vorstellung, daß die Kulturgemeinschaft der Nation letztlich auf gemeinsamer Abstammung beruhe und die Tradierung nationaler Kultur über Generationen eine Vererbung analog zu jener der phänotypischen Merkmale sei«[167]. Rassismus und Nationalismus fanden ihre harmonisierende Verschränkung schließlich im völkischen Gedanken.[168] Um handfeste Realität zu erlangen, mußte die ideologische Sinngebung aber auch ihre materielle Form finden, und dazu bedurfte es ganz wesentlich eines zentralisierten staatlichen Instruments zur Ausgestaltung von Herrschaftsstrukturen, denn »nur über einen Staatsapparat konnte man aus einer Nationalität eine Nation machen«[169].

Vermittlungsinstanz Staat...

Im Grunde genommen stellt die Beziehung zwischen rassistischer und nationalistischer Ideologie zugleich ein Paradoxon dar: Rassismus ist für den Nationalismus keinesfalls durchgängig funktional. Dennoch hat es kaum jemals einen Nationalismus ohne rassistische Begleiterscheinungen gegeben. Da der Nationalismus sich in den Widersprüchen des selbsterklärten Idealzustands verfängt, weil es eine vollkommen homogene Gemeinschaft in Wirklichkeit nicht geben kann, wird Rassismus als »Flucht nach vorne« produziert. Er stellt zugleich eine »Flucht nach hinten« in dem Sinne dar, daß »rassistische Denkschemata ... in der Vergangenheit des Nationalismus angelegt« sind.

Praktisch manifest aber werden die rassistischen Ausschließungspostulate erst durch deren juristische Form – also durch die Gesetze des Staates als entscheidender Vermittlungsinstanz. Denn »grundsätzlich ist der moderne Rassismus nie eine bloße, auf die Pervertierung des kulturellen oder soziologischen Unterschieds gründende..., sondern eine durch den Eingriff des Staates vermittelte Beziehung zum Anderen«. Der Staat als Nationalstaat produziert somit erst durch juristische und politisch-regulative Eingriffe und Formen der Operationalisierung »Minderheiten«, die erst durch Kodifizierung und Kontrolle gesellschaftlich reale und erkennbare Gestalt annehmen. Im Zuge dieser Praxis haben insbesondere die »fortgeschrittenen« europäischen Staaten über mehr als ein Jahrhundert eine so strikt wie möglich gehaltene Verbindung zwischen Staatsbürgerrechten und Nationalität einerseits, sowie sozialer Rechte andererseits eingeführt. Sie sind damit zu dem geworden, was als »national-soziale Staaten« bezeichnet werden kann. Diese verfügen über einen »Verwaltungs-, Polizei- und Justizapparat, der einen Teil der Bevölkerung schützen soll, indem er zugleich die Risiken für einen anderen Bevölkerungsteil (also z.B. »Asylanten«, »Migranten« usw., H.M.) anwachsen läßt«[170].

Wichtig an dieser Position ist, daß damit das Wechselverhältnis bzw. Beziehungsgeflecht von Rassismus und Nationalismus durch die eigenständige aber damit auch eng verwobene Komponente des Staates erweitert und staatliches Handeln zum ausdrücklichen Faktor erhoben wird. »Erst dadurch, daß der staatliche Rassismus die Ausländer zu rechtlich schwachen, unerwünschten Opfern zurichtet, präsentiert er sie den Gewalttätern als Zielscheibe.«

Damit wird von oben eingeführt und gefördert, was als »Ablenkungsstrategie« von den realen gesellschaftlichen Widersprüchen und Konfrontationslinien im Zuge der Verteilungskämpfe um das erwirtschaftete Produkt zu gelten hätte. Sowohl im Kontext der weltwirtschaftlichen, imperialistischen Dominanz des Westens sowie innerhalb dieser Industriegesellschaften selbst funktioniert noch immer der »Rückgriff auf den altbewährten nationalistischen Diskurs der Unterprivilegierten, die ihre Rechte immer schon im Verteilungskampf auch im Namen der gemeinsamen Nation (offenbar, weil es im Namen der gemeinsamen Humanität nicht denkbar schien) geltend gemacht und zum Teil durchgesetzt haben.«[171] In einem noch weiter gefaßten Sinne, der die sozialpsychologische Seite der Abrichtung von Menschen zu Staatsbürgern als »Affektmodellierung« ihrer »inneren Natur« berücksichtigt,[172] kann das Terrain auch durch die Zusammenhänge von Kultur, menschlichem Körper, Nation, Staat und Ökonomie im Rassismus umgrenzt werden. Diese Bestimmungsmomente »verdichten sich im institutionellen System des Staates und werden von den staatlichen Institutionen ausgearbeitet«.[173]

... und Vermittlungsinstanz Klassengesellschaft

Es soll hier aber auch nicht unterschlagen werden, daß eine der lesenswertesten Analysen zur Erfindung der Nation als »vorgestellter/eingebildeter Gemeinschaft« (»imagined community«, wie der Originaltitel so trefflich formuliert) sich der Gleichsetzung von Rassismus und Nationalismus verweigert. Nach Benedict Andersons Studie denkt der von der gedruckten Schriftsprache erfundene Nationalismus in »historisch-schicksalhaften Begriffen«, während der Rassismus geschichtslos auf ewig angelegte Wesenszuschreibungen (»die Neger», »die Juden« usw.) vornimmt und zwar »ganz gleich, welchen Paß sie (die Opfer dieses Rassismus, H.M.) besitzen oder welche Sprache sie sprechen und schreiben«. Nach Anderson sind Ideologien, »in denen die Phantasien des Rassismus ihren Ursprung haben... in Wirklichkeit eher solche der *Klasse* als der Nation«[174].

Werden aber beide – Rassismus wie Nationalismus – als instrumentell-ideologische Konstrukte begriffen, denen klassenspezifische Interessen und Bestimmungsmerkmale bei der Ausgestaltung in der gesellschaftlichen Praxis innewohnen, scheint sich m.E. diese Unterscheidung auf den Rang eines Sekundärmerkmals zurückstufen zu lassen. Dennoch ist der Hinweis wichtig: Für Rassismus wie Nationalismus wird in Erinnerung gerufen, daß es handfeste materielle Grundlagen gibt, die deren Entstehung, Ausformung und Wirkung nachhaltig beeinflussen. Und das sollten wir – auch wenn's nicht ganz modisch ist – nicht in Vergessenheit geraten lassen.

Der zumindest oberflächliche Teil der augenblicklichen »Multi-Kulti-Debatte« erliegt leider nur allzu oft dieser Gefahr. Mehr Toleranz und Aufgeschlossenheit ändern noch nichts an den sozio-ökonomischen Realitäten von Klassengesellschaften, deren staatliches Handeln Erscheinungen wie Rassismus und Nationalismus befördert und bei deren Ausgestaltung erheblichen, wenn nicht gar entscheidenden Anteil hat. »Das Illusionäre des Multikulturalismus», so unlängst ein Kritiker, »besteht in der Vorstellung, Herrschende und Beherrschte könnten auf irgendeine Weise die Plätze tauschen und erfahren, wie die jeweils andere Hälfte lebt, ohne daß die Machtstrukturen dabei in Frage gestellt würden; so als ob machtgeprägte Beziehungen wie durch einen Zauberspruch im direkten Erfahrungsaustausch aufgehoben werden könnten, und die Ideologie in der Kommunikation von Mensch zu Mensch sich verflüchtigte.«[175] Die »Viererbande« von Rassismus und Nationalismus, Klassengesellschaft und Staat aber wird jenseits der multikulturellen Debatte angesichts ihrer fortdauernden Existenz und unangefochtenen Vormachtstellung auch weiterhin Konjunktur beanspruchen können, was die Analyse ihres Wechselverhältnisses und dessen je konkrete Ausprägung betrifft.[176]

Fallstricke im Multikulturalismus

Über diese Problemlage sollte auch nicht das »Multi-Kulti-Feeling« hinwegtäuschen, das mittlerweile modisch gestylt und promoted wird. Denn unter Verweis auf einschlägige Analysen insbesondere zur nordamerikanischen und australischen Gesellschaft kann der durchaus berechtigte Einwand formuliert werden, »daß auch Multikulturalismus als Herrschaftsmittel zum Zwecke des Krisenmanagements und der Befriedung von Bevölkerungsgruppen dienen kann«.[177]

Anläßlich eines innerhalb des Spektrums der »Neuen Rechten«

lancierten Versuchs, durch die publizistische Aufbereitung des Themas »multikulturelle Gesellschaft« dieses als Konzept auch für die eigene gesellschaftspolitische Zielsetzung zu erschließen und nutzbar zu machen, werden die Ambivalenzen und Fragwürdigkeiten der Begrifflichkeit deutlich.[178] Die Grenzen des Konzepts von Multikulturalismus »liegen vor allem in einer vollkommenen Überdehnung des Kulturbegriffs, in einer Ontologisierung kultureller Unterschiede (hinter denen ökonomische, soziale und politische Ungleichheiten zu verschwinden scheinen) und in der latenten Abwertung der Individuen mit ihren Rechten und Lebensformen gegenüber dem Konstrukt kollektiver ›kultureller Identitäten‹, die es zu bewahren gelte.«[179] So vermögen sich »postmoderner Multikulturalismus und kulturrelativistisches Identitätsdenken zu zwei Seiten derselben freiheitsgefährdenden Ideologie« zu ergänzen, deren Gemeinsamkeit »in der Überbetonung der Kultur gegenüber der Freiheit, der Überschätzung der Fremdheit gegenüber den konkreten Einzelnen« liegt.[180]

Ungeachtet dieser Gefahren scheint es einigen Intellektuellen opportun, sich auf solchen Spielwiesen von Multi-Kultur zu tummeln und dort mit »Spielregeln für die Vielvölkerrepublik« an ihrem kosmopolitischen Image zu basteln (als ob sich die relevanten gesellschaftlichen Kräfte hierzulande jemals an solche »Spielregeln« halten würden, die nicht von ihnen bestimmt werden). So tragen sie zur Schaffung des trügerischen Mythos bei, daß es nur eine Frage des guten Willens und der Toleranz sei, damit sich die »ausländischen Mitbürger« hierzulande wie daheim fühlen können. Eine solche »message« wird dann in Szenen-Jargon verpackt und mit semantischen Schnörkeln ausgeschmückt, die den Unfug möglichst bis zur Unkenntlichkeit verzerren. So haben angeblich Stadtsoziologen in Chicago »die babylonische Verwirrung nicht mehr als katastrophale Zäsur oder pathologische Grenzsituation, sondern als sozialen Aggregatzustand der späten Moderne gedacht«. Oder die multikulturelle Gesellschaft »ist eine Apotheose der ›Differenz‹ und auch ihre Dämmerung. Variabilität und Dynamik moderner Gesellschaften sind durch transnationale Mobilität und Fluktuation ins Extrem getrieben.« Die Multi-Kultur ist danach eine »des tertiur datur« mit den Attributen »traditionslos, ephemer, banausisch, antigenial, technisch, stillos, vulgär, leichtsinnig«, die »in den Wonnen des Konsums« schwelgt, sich »eher der Mode als der Hochkultur verwandt« zeigt und »wie die Couturiers nebenbei auch Kreationen und Meisterwerke« schafft.[181] Es gehört zu den Absurditäten unserer autoritären Fixierungen, wenn eben diese Zitate auch noch als »Genuß für geistige Yuppies« mit dem Werbeetikett »geballte Denkarbeit« geadelt werden.[182] Die Relevanz solcher Multi-Kulti-Sandkastenspiele aber zeigt sich schon im Duktus: Sie besteht wohl allenfalls für jene privilegierten Großstadtviertelminoritäten, die diesen Jargon goutieren.

Auf dem westlichen Identitätsdenken jüdisch-christlicher Tradition basierend, lassen sich multikulturelle Verheißungen solcher Art auf den Typus des Basars vordergründiger Bereicherung reduzieren. Aber gerade dieses europäisch-abendländische Verständnis von Identität müßte in Frage gestellt und daraufhin überprüft werden, »ob wir diesem Prozeß mit der Stabilisierung des Identitätsdenkens in der Vorstellung von Multikulturalität weitere Nahrung geben wollen. ... Was auf dem Spiele steht, wenn man über die Gleichwertigkeit der Kulturen redet, ist also, aus der Sicht der jüdisch-christlichen Tradition, eben diese Tradition selbst.«[183]

Einer der engagiertesten und profiliertesten Kritiker dieses Konzepts von Multikulturalismus hierzulande sieht in diesem Modell auch die »Universalisierung der Partikularität«, mit der »unter der Hand die Utopie des autonomen Intellektuellen zur Norm erhoben und als Lösungsmodell für alle angeboten« wird. Es »setzt das autonome Individuum voraus, das gelernt hat, mit der Segmentierung und Fragmentierung seiner Identität zu leben und dabei noch Lust zu empfinden«[184]. Gegenüber einer solchen »Reduktion auf einen permanenten Jahrmarkt der Bedeutungen« steht die Forderung nach einem »kulturellen ›Artenschutz‹«: »Gegen die Verblasenheit eines allgemeinen Durchblicks, der globalen Bekanntheit und der rabiaten Integration müßte eine antirassistische Politik auf dem Nichtwissen und Nichtverstehen; auf dem sinnvollen Schweigen, wo man nichts zu sagen weiß; auf der Achtung der Differenz und der Distanz bestehen.«[185] Damit ist eine »seelische Beweglichkeit« gefordert, »die uns das eigentliche Geheimnis aller Begegnung erschließt: das Andere weder um seiner Fremdheit willen von uns auszuschließen noch ihm voreilige Vertrautheit aufzuerlegen oder abzuverlangen.«[186]

Stattdessen stellt die Renaissance von Volksidentität, wie wir sie zu Ende unseres Jahrhunderts allenthalben beobachten und in wachsendem Rassismus eskalieren sehen, auf andere Art die Frage nach der Krise eines Universalismus: »Das ›Volk‹ verweigert die Anerkennung von auf Vernunft, Gleichheit und Recht der Individuen begründeten Normen; stattdessen beruft es sich auf Prinzipien, die im eigenen Kollektiv begründet liegen und uneingeschränkt nur für dieses gelten sollen.«[187] Der politische Universalismus legitimiert dabei eben jene Verhältnisse, die seinen Prinzipien widersprechen, indem er »gegen eine reflexive Kritik eigener kolonialistischer, imperialistischer oder rassistischer Motive oder Strukturen« immunisiert und mit partikularistischen Motiven unterlegt sein kann.[188]

Demgegenüber würde ein Volksbegriff mit einem Optimum universalistischer Normen »allein die Gebietsangehörigkeit der Individuen als Kriterium der Zugehörigkeit gelten lassen. Das ›Volk‹ wäre dann der Begriff, in dem eine territorial umgrenzte Gesellschaft sich selbst versteht. ... Ein gesellschaftsadäquater Begriff des ›Volkes‹, der keinen dauerhaften Gebietsbewohner ausschließt, orientiert sich an der Freiheit und Vernunft der Individuen. Ein Totalanspruch des ›Volkes‹ auf das Individuum kann nicht durch eine Ablehnung des Volksbegriffs, sondern nur dadurch abgewehrt werden, daß in diesem selbst die Menschenwürde als oberste Norm verankert wird.«[189]

Im Rahmen einer solchen republikanischen Gesellschaftsordnung, die einem Postulat dieser Art realpolitische Geltungs- und Gestaltungskraft verleiht, ließe sich auch die Debatte über multikulturelle Spielregeln neu führen. Allerdings wäre sie dann wohl ziemlich unnütz und irrelevant.

Rassismus und Antirassismus: zwischen Selbstgerechtigkeit und Selbstverleugnung

»Unsere teuren Werte verlieren ihre Flügel, von nahem betrachtet wird man nicht einen einzigen finden, der nicht mit Blut befleckt ist. ... Und wenn die Spezies Mensch sich eines Tages vollendet hat, wird sie sich nicht als die Summe der Bewohner des Erdballs definieren, sondern als die unendliche Einheit ihrer Wechselseitigkeiten.«
Jean-Paul Sartre [190]

Das mit dem Titel dieses Kapitels umrissene Spannungsverhältnis wird in ungewollt beispielhafter Weise in einer Ausgabe der Zeitschrift »Blätter für deutsche und internationale Politik« dokumentiert. So wird von dem Autorengespann Knight/Kowalsky der »Blätter«-Mitherausgeberin Osterkamp eine »linke Betroffenheitsphraseologie ... als Analyseersatz« zugeschrieben und sie in eine Kategorie namens »Ausländerfreunde/Inländerfeinde« gepackt, deren Triebfeder »Abscheu gegenüber allen Deutschen, ein versteckter Selbsthaß« sei.[191] Die so Kritisierte revanchiert sich 40 Seiten später mit der Zuordnung des besagten Duos zu »neueren Versionen (nach Manier alerter Yuppies)«, die positiv gewendete Fremdenfeindlichkeit zum »Menschenrecht auf eine eigene, durch Fremde nicht belastete Identität stilisiert« und qualifiziert dies als moralisch fragwürdige »Variante des Herr-im-Hause-Standpunkts«[192]. Angesichts solchen Schlagabtauschs könnte es fast schon von einer sensiblen Redaktion inszeniert sein, daß – zumindest räumlich – dazwischen in einem aus dem Jahre 1950 stammenden Text von Thomas Mann (der sich im Titel bezeichnenderweise »Wider die Selbstgerechtigkeit der besseren Welt« wendet) hinsichtlich staatlicher Propaganda in der Ära des Kalten Krieges von »schulbubenhaften Bezichtigungen und Gegenbezichtigungen«[193] die Rede ist...

Daß die Auseinandersetzungen in einem Feld, das mit Begrifflichkeiten wie Partikularismus und Universalismus (oder Ethnozentrismus, Eurozentrismus und Rassismus) nur allzu vage und wenig aussagekräftig abgesteckt werden kann, besonders vehement und z. T. auch emotional geführt werden, vermag eigentlich nicht zu überraschen. Schließlich geht es dabei doch auch um unsere jeweils eigenen Identitäten und das von uns vertretene Selbstverständnis. Mit der deutschen Vereinigung und dem im Gefolge wachsenden Rassismus und Nationalismus nicht nur in der »neuen Rechten« findet dies zwar noch einige Zuspitzung, aber nicht etwa den Ausgangspunkt. Denn der ist mit der »Erfindung der Nation» erheblich älteren Datums.[194] Insofern rührt das Interesse an diesem Gegenstand an unser Innerstes. Der offene Rassismus im reaktionären Umfeld kümmert an dieser Stelle wenig, lenkt er doch nur von uns selbst ab. Hier geht es mehr um die subtileren Formen der wechselseitigen Vereinnahmung und Fremdbestimmung, die leider nur allzu oft auch aufgrund mangelnder Selbstreflexion in paternalistische Bevormundung oder Aufgabe und Verzicht des eigenen Standorts münden. Ein Phänomen, das nicht nur für »Ausländerfreunde«, sondern in vergleichbarem Maße auch für Teile der internationalistisch orientierten Solidaritätsbewegung gilt bzw. gegolten hat, solange es diese in halbwegs nennenswertem Umfang noch gab.[195]

Auf diese »Schwierigkeit, nicht rassistisch zu sein«, ist schon andernorts ausführlich hingewiesen worden, um zu zeigen, »wie kolonisierend man sich verhalten kann, ohne es wahrzunehmen oder zu beabsichtigen« und »wie wir in verschiedenen Lebensbereichen durch unsere ›Normalisierungspraxen‹, durch unsere ›Integrationsforderungen‹, Ethnozentrismus und Rassismus reproduzieren und stabilisieren«[196]. Rassismus und Ethnozentrismus – Begriffe, die von den zitierten Autorinnen zu Recht der Bezeichnung »Ausländerfeindlichkeit« vorgezogen werden – sind durch Anpassungsmechanismen wirksame Formen »ideologischer Vergesellschaftung«, vor denen auch ein »fortschrittliches« politisches Bewußtsein nicht notwendigerweise schützt, geschweige denn immun macht:

»Lebensweisen, die man sich aus Gründen des Überlebens in den bestehenden gesellschaftlichen Herrschaftsstrukturen versagt, werden im Anderen entweder verfolgt, oder auf eine Weise bewundert, die diese Lebensweisen außerhalb der eigenen Person auf den Anderen fixiert. Veränderungsmöglichkeiten, d.h. Formen der Befreiung aus freiwilliger Unterwerfung, die die Stabilität der eigenen Identität gefährden könnten, werden auf diese Weise zurückgewiesen. ... Die Ambivalenz gegenüber dem Anderen, die Verunsicherung durch sie, schlagen ... in dem Maße in Ethnozentrismus und Rassismus um, in dem die Individuen ihrer eigenen Unterwerfung zustimmen.«[197]

Wie aber gehen wir nun in der Praxis mit dem vermeintlich oder real Fremden um, das uns mit unserem kulturellen und politischen Selbstverständnis konfrontiert und in Frage stellt? Leider gibt es kein Patentrezept bei der Grenzziehung zwischen Selbstverleugnung und Selbstgerechtigkeit. Hinsichtlich einer Inkommensurabilitätsthese aber, die in zugespitzter Form nicht nur jeder Kultur bzw. Lebensweise eigene moralische Maßstäbe, sondern auch spezifische Realitätsdeutungen zubilligt und deshalb von einem vergleichenden Werturteil kategorisch absieht, da es kulturübergreifende, universelle Normen ihr zufolge nicht gibt (womit wir ein bequemes Hintertürchen hätten, das uns vordergründig den Ausweg weisen könnte), kann mit Ernest Gellner Skepsis angemeldet werden. Ihm zufolge liegt bei der Streitfrage »Konvergenz oder Inkommensurabilität der Kulturen« die Antwort »irgendwo in der Mitte«, was in diesem Falle nicht besonders diplomatisch ist, sondern die unsichere Gratwanderung nur noch befördert. Das Problem der Überwindung des Relativismus jedenfalls ist auch er nicht in der Lage damit zu lösen. Er zieht sich stattdessen auf die Formulierung der Absichtserklärung zurück, »*daß* wir ihn irgendwie überwinden, daß wir also nicht hilflos in kulturellen Kokons und ihren Normen gefangen bleiben.«[198]

Der Partikularismus im Universalismus: die Grenzen der Aufklärung

Neuerdings wird das »Weltbürgertum« vom Schlage eines Immanuel Kant und Georg Wilhelm Friedrich Hegel immer häufiger (wieder)entdeckt und weitgehend affirmativ rezipiert bzw. als gültiger Orientierungsrahmen übernommen.[199] Die nötigen Relativierungen ihrer philosophischen Konstruktionen einer »aufgeklärten« Weltsicht aus der spezifischen Perspektive des abendländischen Zivilisationsbegriffs und der eurozentrisch-bürgerlichen Befangenheit[200] wird dabei zwar nicht gänzlich unterschlagen, doch meist nur am Rande als mögliche Einschränkung des Denkmodells vermerkt. Immerhin erkennt z. B. Micha Brumlik, einer der »Trendsetter« hinsichtlich der Renaissance einer (Spät-)Aufklärung, in partikularen Vereinseitigungen einen Motor der Weltgeschichte, wie er in Hegels

Stufenabfolge eines geschichtlichen Determinismus zum Ausdruck kommt. Dies ist die Steigerung einer Denkfigur kulturanthropologischer Spätaufklärung vom Schlage Herders und stellt die »Abkehr vom Aufklärungsuniversalismus« dar.[201] Zu Recht kann auf die katastrophalen Konsequenzen eines Hegelschen Rechtsverständnisses hingewiesen werden, für das »die äußere Souveränität der absolute Endzweck des Staates« bildet und die Absolutheit des Territorialstaates »in seiner äußeren Souveränität ... den Rest der Welt als nach freiem Belieben zu Unterwerfendes erscheinen« läßt.[202] Auf die Logik einer instrumentellen Vernunft gründend, die in der Rationalität der Aufklärung und deren Universalitätsanspruch wurzelte, wurden sich damit legitimierende »Verstehensfeldzüge« zur »Tilgung des Fremden« geführt,[203] die in dessen physischer Vernichtung zu eskalieren vermochten – quasi als kultureller Akt.[204]

Der »Kampfbegriff der Zivilisation«, wie er im Zuge der Kolonialeroberungen zum Einsatz gelangte, hatte zudem »den Vorzug, außerordentlich vage zu sein«[205] – wie ja auch der proklamierte Universalismus der Menschenrechte im jeweiligen spezifischen Kontext interessengeleitete Wendungen vollzog und bis heute auch herrschaftslegitimierendes Instrument bis hin zu Interventionen geblieben ist, deren unmittelbare menschenrechtliche Komponente zumindest anzweifelbar bleibt.[206] In dem bereits als Eingangsmotiv zitierten Vorwort, das Jean-Paul Sartre im September 1961 zu dem Manifest von Frantz Fanon verfaßte, prangerte er das »Geschwätz von Freiheit, Gleichheit und Brüderlichkeit, Liebe, Ehre, Vaterland, was weiß ich« an, wo doch »der Europäer nur dadurch sich zum Menschen hat machen können, daß er Sklaven und Monstren hervorbrachte. ... Man stieß bei der Spezies Mensch auf eine abstrakte Forderung nach Universalität, die dazu diente, realistischere Praktiken zu kaschieren... Kurz, man verwechselte die ganze Spezies Mensch mit der Elite.«[207]

Hier trifft sich die Argumentation des radikalen Existenzialismusphilosophen Sartre interessanterweise mit einer Kulturkritik an der Moderne aus wertkonservativer Sicht. Sie ist hinsichtlich der Gedanken zum partikularen Universalismus der europäischen Neuzeit durchaus von Einsichten geprägt, die hier zustimmend zur Kenntnis gebracht werden sollen. So kritisierte Odo Marquard, der sich selbst einer Linie der skeptischen Philosophie zurechnet (und als Mitglied des wissenschaftlichen Beirats der Zeitschrift »Die politische Meinung« in seiner politischen Orientierung wahrlich nicht der

»Linken« zuzuordnen ist), das Konzept seiner Wissenschaft »als das Singularisierungsunternehmen der Ermächtigung einer Alleinvernunft durch Dissensverbote«[208]. Mit dem »Monomythos« der Französischen Revolution wurde Geschichte endgültig zentralisiert und entpluralisiert. Mit ihr begründet die sich etablierende Geschichtsphilosophie »die« Geschichte, »den« Fortschritt, »die« Freiheit und »die« Revolution. Mit Einführung dieses »Zeitalter der Singularisierungen« (Reinhart Kosseleck) »darf die Menschheit sich nicht mehr in Sondergeschichten verzetteln, indem sie multiindividuell oder multikulturell je eigene Wege zur Humanität geht, sondern sie hat fortan zielstrebig diese eine einzige Fortschrittsgeschichte zu durcheilen als einzig möglichen Weg zum Ziel der Menschheit: Durch diese hohle Gasse muß sie kommen: es führt kein andrer Weg zur Freiheit, hier vollend't sie's, die Notwendigkeit ist mit ihr: wenigstens scheint das so.«[209]

Auch Friedrich Tenbruck vermag im doppelten Universalismus von Freiheit und Rationalität kein tragfähiges Fundament zu entdecken. Er sieht zwar die scheinbare Überlegenheit universalistischer Weltbilder in deren Angebot zur theoretischen und praktischen Vereinheitlichung, mit der sie ein handhabbares Ordnungsprinzip sowohl zur Kategorisierung von Erscheinungen wie auch des eigenen Handelns versprechen.[210] Anstelle des säkularen Experiments als neuer Staatsreligion möchte er aber »die verschüttete Logik menschlicher Erfahrung wieder sichtbar und verständlich machen« [211]. Eine solche Forderung könnte auch von der allmählich aus den USA importierten neueren sozialwissenschaftlichen Denkrichtung der »communitarians« vertreten werden. Deren kommunitaristische Moralphilosophie, die unterschiedliche bis gegensätzliche Interpretationen zuläßt, plädiert für lokale Bindungen wie auch universelle Bezüge.[212] Der vermeintliche Partikularismus, den z.B. der derzeit prominenteste Vertreter des kommunitaristischen Ansatzes vertritt, ist seinerseits selbst nicht frei von Universalismus. Eine Kritik des partikularen Universalismus wird so durch eine Form des universellen Partikularismus abgelöst. Dies verdeutlicht, daß innerhalb des solcherart umrissenen Gegensatzpaares wohl wechselnde Akzentsetzungen zugunsten des einen oder des anderen der beiden Pole möglich sind, das Spannungsverhältnis insgesamt aber wohl kaum aufgelöst werden kann. Es sei denn, wir kehren zur eingangs verworfenen Inkommensurabilitätsthese zurück.

Angesichts der steigenden Aufmerksamkeit, die den Schriften des

US-amerikanischen Philosophen und Sozialwissenschaftlers Michael Walzer auch hierzulande zuteil wird,[213] hat sich Axel Honneth mit dem darin erkennbaren, z.T. widersprüchlichen Verhältnis von moralischem Universalismus und kultureller Differenz auseinandergesetzt. Er vermag in Walzers Position einen Zwiespalt auszumachen, indem eine »Rhetorik des Partikularismus« die »Artikulation der universalistischen Restmotive« verhindere, »auf die gerade derjenige sich heute zu stützen hat, dem die Verteidigung des kulturellen Pluralismus entschieden am Herzen liegt«. Schließlich setze ein konsequenter Partikularismus »eine universalistische Moral der Anerkennung von kulturellen Differenzen voraus, deren Sinn gerade darin besteht, jenen Spielraum für kulturelle Differenzen auch wieder normativ einzuschränken«. Damit aber resultiert das Plädoyer Walzers letztlich nicht in der Überwindung des moralischen Universalismus, sondern in der Kritik falscher Interpretationen einer kontextspezifischen Anwendung allgemeiner Moralprinzipien: »Nicht die Absicht der Begründung von universalistischen Normen überhaupt, sondern nur deren abstrakte, nämlich kontextblinde Anwendung auf jeweils lokal geprägte Situationen ist es, was er an den Projekten einer kontextüberschreitenden Moralbegründung kritisieren kann.«[214]

Der Rassismus im Anti-Rassismus

Daß weder in partikular (kulturrelativistischen) noch in universal orientierten Deutungen und Weltbildern jeweils für sich genommen schon die Lösung unseres Problems enthalten sein könnte, verdeutlicht auch die in Frankreich geführte Debatte zum Rassismus. So weist eine Auseinandersetzung mit dem kulturalistisch begründeten Rassismus der »Neuen Rechten« auf die Fallstricke des in Abgrenzung dazu vertretenen vermeintlichen Anti-Rassismus hin. Dieser müsse – so lautet die Forderung – einer rigorosen Kritik hinsichtlich seiner politischen Instrumentalisierung, seiner Widersprüche und Unzulänglichkeiten sowie des Mangels an theoretischer Substanz unterzogen werden. Schließlich könne sich Rassismus sowohl in Form des Vorwurfs wie auch des Lobs der Differenz manifestieren.[215] Aus Anlaß eines Werks von Pierre-André Taguieff über den neuzeitlichen Rassismus, das wohl zu den wichtigsten einschlägigen Arbeiten gerechnet werden kann,[216] ist darauf hingewiesen worden, daß der gegenwärtige Anti-Rassismus durch seine Konstruktionen sowohl eines abstrakten Feindes wie auch einer abstrakten Gegenwelt ohne Vorurteile Gefahr läuft, selbst zum Obskurantismus zu werden.[217] Der Universalismus ist schließlich selbst eine Fiktion, demgegenüber nur Verschiedenheiten reale Existenz besitzen. Den Menschen als Abstraktum gibt es eigentlich nicht, da zur fundamentalen Wirklichkeit der Welt die Diversität gehört.[218]

Der Kampf gegen Vorurteile kann so als ein ehrenwertes Unterfangen gelten, aber der Traum von einer vorurteilsfreien Welt brütet zugleich seine eigenen Vorurteile aus. Die Dichotomie von Rassismus und Anti-Rassismus stellt deshalb ein simplifizierendes Gegensatzpaar ohne Alternative dar. Es unterteilt sich in den Pol des reinen Universalismus, der alles zu kollektiver Gemeinsamkeit reduziert, oder in den der exklusiven Hervorhebung eines Relativismus. Universalistische und kommunitaristische Gewalt ist für Policar zwar antagonistisch, aber doch im Grunde wesensgleich. Zur Überwindung eines Rassismus aber ist für ihn die Rückkehr zu einer Ethik erforderlich, die einer Hermeneutik des Rechts auf Differenz folgend auf einem Universalitätsprinzip gründet, das die positive Anerkennung von Unterschieden nicht ausschließt.[219]

Auch Etienne Balibar hat in mehreren Aufsätzen die These ausgearbeitet, daß der Rassismus dem Universalismus innewohne und es zwischen beiden keine klare Grenzlinie gebe (in jedem Falle umgekehrt der Rassismus auch als ein Universalismus zu gelten habe). Seine Schlußfolgerung: »Es ist lächerlich zu meinen, den Rassismus im Namen des allgemeinen Universalismus bekämpfen zu können; der Rassismus ist in ihm schon enthalten. Der Kampf also findet in seinem Innern statt, um gerade das zu verändern, was wir unter Universalismus selbst verstehen. Aber das bedeutet nicht – was wohl kaum noch betont werden muß –, jeglichen Universalismus aufzugeben, denn das hieße, kampflos die Waffen zu strecken.«[220]

Im Umgang mit »spekulativen Dilemmata zwischen Universellem und Partikularem« lassen sich mit Taguieff zwei »Formen der ideologischen Korruption« erkennen: Zum einen die der universalistischen Forderung, »daß *alle* Werte der okzidentalen Zivilisation in den Verhaltensweisen aller Menschen verkörpert sein müssen«, zum anderen die eines kulturellen Relativismus, der da fordert, einer »Norm des gleichen Respekts für alle Formen und kulturellen Praktiken zu folgen« [221]. Er sieht die Lösung der Antimonie darin, »darauf zu bestehen, daß *bestimmte* Werte, die sich im Okzident entwickelt haben, als *universalisierbar* verteidigt werden müssen«[222]. Allerdings bleibt er die Antwort schuldig, *welche* dieser Werte das wohl sein könnten. Zwar führt er den Begriff der Menschenrechte in diesem Zusammenhang ein, die für ihn deshalb universalisierbar sind, »weil die Forderung nach Gleichheit und der Imperativ der Achtung der individuellen Freiheiten (d.h. des Anderen) nicht einen einfachen soziohistorischen *Ausdruck* eines spezifischen kulturellen Ensembles konstituieren«[223]. Aber die Grenze zwischen dem Recht auf Respektierung einer spezifischen Singularität und dem Zwang zur Unterordnung unter eine normative Allgemeinheit vermag auch er nicht zu ziehen. Deren Konkretisierung bleibt somit für eine handhabbare Praxis noch zu leisten.[224] Die Anwendung eines ideellen, kodifizierten Wertesystems und dessen Umsetzung in die jeweilige gesellschaftspolitische Praxis unterliegt noch immer einem gewissen Beliebigkeitsprinzip.

In dem schon einleitend bemühten Essay von Thomas Mann wird aus der nur fünf Monate im Jahre 1949 in Luzern erschienenen Zeitschrift »Extempore«, für die er dieses Manuskript eigentlich verfaßt hatte, der aus seiner Sicht »wohl wichtigste Satz, den das Schweizer Blatt gedruckt hat«, zitiert: »Was den Völkern fehlt, ist nicht das Wissen um die Kluft zwischen einem Katalog der Menschenrechte und den Zuständen hinter dem Eisernen Vorhang, sondern das Vertrauen zu der Aufrichtigkeit derer, die mit dem Programm der Menschenrechte Politik machen.«[225] Inzwischen ist besagter Eiserner Vorhang vom Rost eines Staatssozialismus totalitärer Herrschaft zerfressen. Was bleibt, sind die Trümmer eines proletarischen Internationalismus, der fast nie einer war. Was bleibt, ist aber auch die zweite, mindestens ebenso wesentliche Aussage des zitierten Satzes. Denn »das Vertrauen zu der Aufrichtigkeit derer, die mit dem Programm der Menschenrechte Politik machen«, ist gewiß seither nicht größer geworden. Dies sollte uns dennoch nicht entmutigen, an einem solchen Programm (weiter) zu arbeiten und dabei zu versuchen, möglichst wenig über die allerorts ausgelegten Fallstricke partikularistisch und/oder universalistisch begründeter Diskriminierungen zu stolpern. Schließlich bliebe sonst Europa nur noch »ein Name für den Ursprungsort der Abschaffung des Menschen« [226].

Zwischen Welt*un*ordnung und Welt*unter*ordnung: Menschen- und Völkerrechte, Macht und Markt

»Wenn mir etwas bekannt wäre, das meinem Vaterlande zuträglich, für Europa aber abträglich wäre, oder etwas, das für Europa nützlich, für die Menschheit aber schädlich wäre, so würde ich es für verbrecherisch halten.« – So Charles de Montesquieu (1689-1748), der mit diesem Bekenntnis in »Mes pensées« der kosmopolitischen Strömung der Aufklärung zugerechnet werden kann. Julia Kristeva ordnet ihn trotz seines strikt naturdeterministischen Denkens u.a. anhand dieses Zitats einem kosmopolitischen Universalismus des 16. und 17. Jahrhunderts zu, der auf die Tradition des kulturrelativistischen und zugleich menschheitsgeschichtlich universalistischen Denkens baut. Montesquieus »Modernität« zeigt sich für sie in der »Zurückweisung der einen Gesellschaft zugunsten einer koordinierten Vielfalt« und ist dem Bemühen geschuldet, »aus dem Politischen einen Raum möglicher Freiheit zu machen«[227].

Ein Kosmopolitismus solchen Zuschnitts aber wird im Zuge der Französischen Revolution vom nationalstaatlichen Partikularismus der Weltsicht verdrängt. Nicht mehr die Menschheit in ihrer Gesamtheit steht im Zentrum. Vielmehr wird der Nationalstaat zum Träger der Definitionsmacht erhoben. So gewinnt eine menschliche Kollektivität in Form der Einheit »Nation« die Oberhand. Artikel III der »Erklärung der Menschen- und Bürgerrechte« faßt dies in dem Satz zusammen: »Der Ursprung jeder Souveränität ruht seinem Wesen nach in der Nation; keine Körperschaft, kein einzelner kann eine Autorität ausüben, die nicht ausdrücklich von ihr ausgeht.« Zu den am 26. August 1789 von der Französischen Nationalversammlung beschlossenen 17 Artikeln dieses bis heute grundlegenden Dokuments (»Déclaration des droits de l'homme et du citoyen«) gehört auch mit Artikel XII die ausdrückliche Anerkennung einer öffentlichen Macht zur »Verbürgung der Menschen- und Bürgerrechte«. Sie ist

»zum Vorteil aller eingesetzt und nicht für den besonderen Nutzen derer, denen sie anvertraut ist«.

Die damit implizit artikulierte Fixierung auf die zentralstaatliche Instanz und deren uneingeschränktes Gewaltmonopol läßt den Schluß zu: »Das Mißtrauen gegen die Inhaber der Macht war nur die Kehrseite eines gewaltigen Glaubens an den positiven Charakter der Macht selbst – wenn man sich erst einmal der Usurpatoren entledigt hatte.« So wurden erstmals »Menschenrechte mit einer universalen Deutlichkeit ohnegleichen proklamiert« und ihnen »eine strenge Philosophie der Autorität und des Gehorsams gegeben«. Aber es geschah »unter dem Einfluß einer Faszination für die neu aufzuteilende und neu zu gliedernde Staatsgewalt, die nicht ermöglichen sollte, die Ausübung der Rechte zu verbürgen«. So erwiesen sich letztlich die Revolutionäre »als unfähig, die Herrschaftsform zu ersinnen und zu verwirklichen, welche die Rechte aller realisiert und dabei die Rechte eines jeden bewahrt«.[228]

Unlängst wies Heide Gerstenberger in mehreren Studien auf die theoretischen und politischen Fehlschlüsse hinsichtlich der strukturellen Dynamik bürgerlicher Staatsgewalt hin, die sich für sie aus der Vernachlässigung der Analyse der Konstitutionsbedingungen im Zuge des Widerstands gegen die Herrschaftsformen des »Ancien Régime« ergeben. So habe es im Kampf um Gleichheit immer auch Inklusions- wie Exklusionsformen gegeben, die Menschen bei der Teilhabe ein- bzw. ausschlossen. Dies resultierte in einer »Praxis, die darauf gerichtet war, das Postulat der natürlichen Gleichheit aller Menschen und die Forderungen nach einer Allgemeinheit von Gesetzen, die beide gegen personale Ungleichheit und Privilegierung nach Art des Ancien Régime gerichtet gewesen waren, für die neu zu ordnende Gesellschaft nur begrenzt Realität werden zu lassen. ... Aus diesem Grunde wurde bürgerliche Öffentlichkeit nirgends in einem Zustand emanzipativer Unschuld ausschließlich gegen bisherige Herrschaft konstituiert, sondern überall wurde bereits im Prozeß der bürgerlichen Revolution um faktische Begrenzungen von Allgemeinheit und Gleichheit gerungen.«[229] Der universelle Anspruch von Gleichheitspostulaten erwies sich also realiter bereits innerhalb der eigenen Gesellschaft als das Credo einer Legitimationsideologie – umso mehr schließlich in der nach außen gewendeten Form. Wo Universalismen bereits entstehungsgeschichtlich nur als Instrument partikularer Herrschaftsinteressen mißbraucht werden, können sie auch in anderem Kontext nicht a priori emanzipatorisch verwendet werden – allenfalls ungewollte »Nebeneffekte« solcher Art bewirken.[230]

Dies verdeutlicht exemplarisch das Dilemma: War es schon nicht möglich, über Stände und Klassen hinweg ein allgemeines verbindliches Recht auf Gleichheit über die Interessen der Inhaber von politischer, ökonomischer und damit gesellschaftlicher Macht zu garantieren, konnte jenseits der ungleichen Verhältnisse im Inneren die Verwirklichung von Gleichheit nach Außen ebenso wenig realisiert werden. Die Binnenverhältnisse, in denen Menschen- und Bürgerrechte einer bürgerlichen Demokratie erst über Jahrhunderte – z.T. mittels langer und erbitterter Auseinandersetzungen um politische Rechte und durch Klassenkämpfe – erstritten werden konnten, waren zu keiner Zeit dem Gleichheitsgrundsatz mehr als nur rhetorisch verpflichtet. Wie sollte da ein solches Postulat quasi im »Weltmaßstab« materiell wirksame Geltung erhalten, anstatt bloß instrumentelles Konstrukt zu bleiben?

Der schon bei Montesquieu parallel zu seiner kosmopolitischen Orientierung mit der Hinterfragung der ethno-/eurozentrischen Dominanz und Machtposition des (National-)Staatsgedankens einhergehende strikte Naturdeterminismus findet kein Jahrhundert später bei dem Königsberger Gelehrten Immanuel Kant (1724-1804) seinen Ausdruck in erstaunlichen Platitüden. Sie wären lachhaft, würden sie nicht dazu beitragen, die Ausbreitung Europas auf die übrige Welt im Zuge der imperialistischen Expansion ideologisch zu unterfüttern und Legitimationshilfe zu leisten. In Kants »Physischer Geographie«, erstmals 1802 in Königsberg erschienen, heißt es: »Der Einwohner des gemäßigten Erdstriches, vornehmlich des mittleren Theiles desselben« – also der Mitteleuropäer (im Sinne des erwachsenen weißen Mannes) – »ist schöner an Körper, arbeitsamer, scherzhafter, gemäßigter in seinen Leidenschaften, verständiger, als irgendeine Gattung der Menschen in der Welt. Daher haben diese Völker zu allen Zeiten die andern belehrt, und durch die Waffen bezwungen. Die Römer, die Griechen, die alten nordischen Völker, Chingeskan, die Türken, Tamerlan, die Europäer nach Columbus Entdeckungen, haben alle südlichen Länder durch ihre Künste und Waffen in Erstaunen gesetzt.«[231]

Georg Wilhelm Friedrich Hegel (1770-1831) – wie Kant einer der herausragenden Protagonisten der »Spätaufklärung« des deutschen Idealismus, die in der Rechtsordnung das oberste integrative System der Gesellschaft sahen – teilte diese sozialdarwinistisch-naturrechtliche Auffassung. In der von ihm selbst 1820 zur Drucklegung ausgearbeiteten »Rechtsphilosophie« äußerte er sich in den letzten Abschnitten zum äußeren Staatsrecht (§§ 330-340) und insbesondere in »Die Weltgeschichte« (§§ 341-360) eindeutig. In seiner Auffassung von Weltgeschichte »erhält dasjenige nothwendige Moment der Idee des Weltgeistes, welches gegenwärtig seine Stufe ist, sein absolutes Recht, und das darin lebende Volk und dessen Thaten erhalten ihre Vollführung, und Glück und Ruhm« (§ 345). Für Hegel gelten »Stufen der Entwicklung als unmittelbare natürliche Principien« (§ 346), und darauf aufbauend schließt § 347 daraus: »Dem Volke, dem solches Moment als natürliches Princip zukommt, ist die Vollstrekkung desselben in dem Fortgange des sich entwickelnden Selbstbewußtseyns, des Weltgeistes übertragen. ... Gegen dieß sein absolutes Recht, Träger der gegenwärtigen Entwicklungsstufe des Weltgeists zu seyn, sind die Geister der andern Völker rechtlos, und sie, wie die, deren Epoche vorbei ist, zählen nicht mehr in der Weltgeschichte.« So ist es für Hegel auch in § 351 »Bestimmung«, »daß civilisirte Nationen andere, welche ihnen in den substantiellen Momenten des Staats zurückstehen (Viehzuchttreibende die Jägervölker, die Akkerbauenden beide u.s.f.), als Barbaren mit dem Bewußtseyn eines ungleichen Rechts, und deren Selbständigkeit als etwas Formelles betrachten und behandeln.«[232]

Auch der letzte große englische »Freidenker« in der Tradition der »Philosophical Radicals«, John Stuart Mill (1806-1873), dessen 1859 erstmals erschienener Essay »On Liberty« noch heute als das »eindrucksvollste sozialphilosophische Plädoyer für die absolute Freiheit des Denkens« gepriesen wird,[233] war vor europäisch-imperialistischem Großmachtdenken und kultureller Arroganz im Zeichen vermeintlich höherer Zivilisation keinesfalls gefeit. Er, der u. a. engagiert die Rechte der Frauen und deren Emanzipation befürwortete, äußerte sich ganz im Sinne des Hegelschen Rechtsverständnisses: »Es ist ein schwerer Fehler anzunehmen, daß die gleichen internationalen Gepflogenheiten und die gleichen Regeln internationaler Moral, die zwischen zivilisierten Nationen bestehen, auch zwischen zivilisierten Nationen und Barbaren gelten, und kein Staatsmann darf dem verfallen.«[234]

So reduzierte sich der Grundsatz einer dem Gleichheitsgedanken der Menschheit verpflichteten ideellen Aufklärung alsbald zur pseudo-wissenschaftlichen Erklärung und Verbrämung ungleicher Herrschafts- und Machtstrukturen. Ein unilinearer Fortschritts- und

Entwicklungsglaube lieferte die ideologische Verklärung der europäisch-abendländischen Eroberung der Erde. Deren Raub- und Plünderungscharakter kam dabei nur selten zur Sprache. Er wurde dann mit dem »Recht des Stärkeren« bzw. der »höheren Zivilisation« – nachgerade als Ausdruck eines entwicklungsgeschichtlich notwendigen Prozesses quasi naturrechtlich geboten – nicht nur billigend in Kauf genommen, sondern für gerechtfertigt erklärt.

Diese Feststellung vermag sich auf jede Menge illustratives, zeitgenössisches Quellenmaterial der geistesgeschichtlich-philosophischen Weltdeutung jener Zeit zu stützen. Damit ist allerdings der analytische Versuch zur Einordnung jener Ideologie in den Gesamtzusammenhang gesellschaftlicher Entwicklung in den im rasanten Industrialisierungsprozeß und der vollständigen Durchsetzung der bürgerlich-kapitalistischen Gesellschaftsordnung befindlichen europäischen Staaten keinesfalls geleistet. Deren Stellenwert und Wirkung – auch hinsichtlich der progressiven Inhalte und »messages«, die sie für die Etablierung bürgerlicher Demokratien im Inneren durchaus besaßen – für die (Re-)Produktion der Systeme jener Zeit harrt noch der schlüssigen Interpretation.

Auf die Rechtsauffassungen des spanischen Theologen Francisco de Vitoria zurückgehend, der in der Unterwerfung der »indianischen Heiden« durch die christliche Konquista einen »gerechten Krieg« sah,[235] entwickelte sich seit dem 16. Jahrhundert eine mit spezifischem Völkerrechtsverständnis ausgestattete Weltordnung, deren Selbstlegitimation auf der Grundlage eines »magischen Kreises« (»charmed circle«) von »sich christlich nennenden zivilisierten Nationen« beruht. Gestützt auf ihre faktische Machtposition bemächtigen sich diese (Kolonial-)Staaten eines Exklusivitätsanspruchs, der noch nach Gründung des Völkerbunds in den zwanziger Jahren dieses Jahrhunderts Staaten wie China und Persien ausschloß.

Nach den Erfahrungen gerade der jüngsten Zeit erscheint die von François Rigaux artikulierte Skepsis hinsichtlich eines Rückfalls in dieses bis fast zur Mitte unseres Jahrhunderts dominante internationale Rechtsverständnis nicht gänzlich unbegründet: »Wie das innerstaatliche Recht, so drückt auch das internationale ein Machtverhältnis aus«, stellt er fest. Dabei hat »die internationale Rechtsordnung nie aufgehört, den mächtigeren Staaten ein Übergewicht zu verleihen. Nach wie vor wird die Gewalt der Waffen von ökonomischer Macht begleitet. Mehr denn je stützen sich beide Herrschaftsmittel gegenseitig.« So droht denn »drei Viertel der Menschheit Opfer einer wachsenden Unterdrückung, die sich mit dem Nimbus merkantiler Rationalität drapiert«, zu werden.[236]

Der schon häufig strapazierte und mit höchst unterschiedlichen inhaltlichen Vorstellungen behaftete Slogan von der »einen Welt« (oder neuerdings auch: »Vielfalt in der Einheit«) hat sich angesichts der wachsenden Tendenz zu Wohlstandsinseln einer »Ein-Drittel-Welt« mit Exklusivitätscharakter – wobei im Innern dieses Molochs der industrialisierten Zentren die soziale Ungleichheit ebenso dramatisch zu wachsen droht wie im Weltmaßstab – mehr denn je in der konkreten Bestimmung und inhaltlichen Ausfüllung einer internationalen Solidarität zu beweisen. Denn diese eine Welt bedeutet jenseits rhetorischer Pflichtübung und deklamatorischer Lippenbekenntnisse – die immer dann von den Ideologen des Status Quo aus der Asservatenkammer geklaubt werden, wenn's um die Durchsetzung der eigenen Interessen geht – die Infragestellung eines Selbstverständnisses mit seiner Lebensweise. Partikulare Ausschließlichkeit kann da nicht reklamiert werden, wo sie – als spezifisches Wirtschafts- und Konsummodell zum universell gültigen Lebensstil deklariert – die Bedürfnisse anderer Menschen mißachtet und mit Füßen tritt, setzt dieser Lebensstil doch voraus, daß er anderen den Zugang und die Partizipation zwangsläufig verwehren muß. Die harten Fakten dieser materiellen Ressourcenungleichheit im globalen Maßstab sprechen für sich: So verwenden die etwas über elf Prozent der in den Industrieländern lebenden Weltbevölkerung mehr als die Hälfte der weltweit verbrauchten Ressourcen »und lassen auf diesem begrenzten Globus gar nicht den Möglichkeitsraum zur Verwirklichung der universellen Wertegemeinschaft, auf die sich die Öffentlichkeit im Westen emphatisch, selbstsicher und selbstbewußt bezieht«. Als erstrebenswertes Leitbild für die Mehrheit der Weltbevölkerung bleibt die materielle Grundlage dieser Wertegemeinschaft unerreichbar. Sie ist jedoch ihr Nährboden, ohne den es nun mal nicht ginge: »Die westliche Wertegemeinschaft ist durch und durch eine fossilistische Gesellschaft, weil sie ohne Rückgriff auf die fossilen Energieressourcen ihre großartigen Werte gar nicht ausleben könnte.«[237]

Mit der KSZE-Schlußerklärung von Ende September 1991, in der die Menschen- und Minderheitenrechte gegenüber dem bislang unangetasteten Souveränitätsprinzip staatlicher Selbstbestimmung nach innen deutlich aufgewertet worden sind, scheint sich im Zuge der Tendenzen zur Herausbildung einer »Neuen Weltordnung« auch hinsichtlich der politischen Legitimation von Intervention eine modifizierte Norm herauszubilden. Vor allzu großem Optimismus sei allerdings gewarnt: Es wäre fatal, darin wahre Menschenliebe und Humanismus als treibende Motive zu erblicken. Der Rekurs auf Menschen- und Völkerrecht hat bislang fast immer nur dazu gedient, der Mächtigen Einfluß und Handeln unter Verweis auf »höhere Werte« zu rechtfertigen.[238] Diese Möglichkeit des Mißbrauchs schließt auch die KSZE-Erklärung der Moskauer Konferenz vom 3. Oktober 1991 nicht aus. Darin betonen die 38 Teilnehmerstaaten, »daß Fragen der Menschenrechte, Grundfreiheiten, Demokratie und Rechtsstaatlichkeit ein internationales Anliegen sind, da die Achtung dieser Rechte und Freiheiten eine der Grundlagen der internationalen Ordnung darstellt« und klassifizieren den Bereich der menschlichen Dimension als »ein unmittelbares und berechtigtes Anliegen aller Teilnehmerstaaten und eine nicht ausschließlich innere Angelegenheit des betroffenen Staates«[239]. Eine universelle Ordnung im Sinne von »Weltinnenpolitik« wandelt militärische Interventionen tendenziell als Maßnahme zur Verteidigung universeller Werte in »Polizeiaktionen« um: »Das Überfallkommando, dein Freund und Helfer, sorgt für (Welt)ordnung.« Ein solches Argumentationsmuster bietet das Koordinatenkreuz zur Legitimierung von Kriegsführung, wie jüngst im Falle der »Strafaktion« gegen den Irak geschehen: »Ein Krieg zur Herstellung von Recht und Gesetz. Ein Frieden und Freiheit, Demokratie und Markt bedrohender Despot mußte zur Raison gebracht werden.«[240]

Die Skylla des Partikularismus und die Charybdis des Universalismus können also auch in einer Renaissance von Menschen-, Bürger- und Minderheitenrechten nicht automatisch, sondern – wenn überhaupt – nur mit erheblichem Navigationsaufwand und -geschick hinter sich gelassen werden. Bislang wurde das Credo universeller Werte, die mit den Stichworten Menschenrechte und Demokratie verknüpft und aktuell wieder verstärkt diskutiert werden, eigentlich immer zur In- bzw. Exklusionsformel in der Hand der Mächtigen. Im historischen Rückblick wird deutlich, daß die diversen Menschenrechtserklärungen im jeweiligen Kontext oft nur interessengebundene Geltung erhielten. Deren Ausgestaltung war fast immer reduziert auf die Möglichkeiten, die reale Machtverhältnisse zubilligten. Das ist heute nicht anders: Was als »Menschheit« gilt, fand und findet im konkreten Kontext seine Beschränkung in »Rassen«, »ethnischen Gruppen«, »Kulturen« und »Nationen«, um nur einige der kategorialen Konstruktionen zur machtpolitisch-instrumentellen Unterteilung und Manipulierung nach innen wie nach außen zu bemühen. Von der handfesten, klassenspezifischen Kategorie bestehender sozio-ökonomischer Realitäten und Machtverhältnisse lenken solche »erfundenen« Traditionen und Identitäten leider allzu häufig erfolgreich ab. Schließlich können sie mittlerweile auch auf eine eigene Dynamik zurückgreifen und sind jenseits ihres oft konstruierten, mythologisch verklärenden Ursprungs zur materiellen Ideologie und handfesten physischen Gewalt erwachsen.

Der Wesensgehalt von Menschenrechten aber zeichnet sich dadurch aus, daß diese unteilbar sind. Sie können nicht in Exklusivität beansprucht werden. Vielleicht liegt gerade darin ihre historische Chance in der derzeitigen Umbruchsituation, auch wenn es ihnen bislang an einer verbindlichen Definition und deren Anwendung mangelt, die der Gratwanderung zwischen partikularen und universellen Betrachtungsweisen Rechnung trägt (und es hierfür weder ein Patentrezept noch einen unumstößlichen Kriterienkatalog gibt). An der konkreten inhaltlichen Ausformulierung von Bürger- und Menschenrechten (weiter) zu arbeiten und deren Respektierung einzufordern, könnte eine der markantesten und erfolgversprechendsten politischen Herausforderungen der neunziger Jahre sein. Die Menschenrechtsfrage stellt sich dabei als eine nach der Justitiabilität der Menschlichkeit: »Zu denken ist... an eine völkerrechtlich verbriefte Garantie gegen die Willkür der Macht«, die »auf eine universelle, jede Kulturdifferenz umgreifende Bestimmung des Menschen gegründet werden« kann. Schließlich könnte »interkulturelle Verständigung darüber, was das Menschsein ausmacht, dessen Rechte geschützt werden sollen, ... die Grundlage dafür sein, daß Menschenrechte als Recht der Menschheit normative Kraft gewinnen«.[241]

Partikularismen allerorts – und die damit verbundenen Gewalttätigkeiten – trüben derzeit allerdings weithin den Blick für Gemeinsamkeiten. Selbst der Erhalt des bedrohten Restbestands an tropischem Regenwald, ein rapide wachsendes Ozonloch oben und ebenso rapide wachsende Ozonwerte unten, sowie andere Dauerbrenner einer gefährdeten Menschheit geraten ins Hintertreffen. War da noch was mit 500 Jahren Ausbreitung Europas auf den übrigen Globus?! Die vielbeschworene »Festung Europa« (an der sowohl hinter wie auch vor den Kulissen natürlich munter weitergebastelt wird) mit ihrer »Zitadellenkultur«, gerät dabei z.T. selbst ins Wanken. Doch die Frage nach den Aufgaben staatlicher Herrschaft stellt sich nicht nur mit Blick auf »Europa '92«. Sie stellt sich hierzulande auch hinsichtlich der vordergründigen Zäsur, die sich bezogen auf den Rassismus spätestens mit dem Stichwort Hoyerswerda verbindet.

Was waren das doch für überschaubare Zeiten und Verhältnisse, als eine bipolare Welt und deren machtpolitische Hegemonialstrukturen wenigstens noch erkennbare Anhaltspunkte und Orientierungshilfen boten. Jetzt, wo die vordergründigen und wenig tragfähigen Allianzen politischen Blockdenkens vom Allmachtsanspruch des Westens und seines kapitalistischen Gesellschaftsmodells endgültig abgelöst worden sind und sich dieses – notfalls unter Inkaufnahme der Massenvernichtung von Menschen – erbarmungslos Bahn bricht, stellt sich erneut die Aufgabe einer Suche nach Alternativen. Und diese unsere Suche hat, soll sie ernst gemeint sein, hier – im Innern dieses Molochs spätindustrieller »Postmoderne« – stattzufinden. Die Projektionen auf selbsternannte oder von uns auserkorene revolutionäre Subjekte anderswo – möglichst weit weg und schön exotisch – gehören der Vergangenheit an.

Krieg, Zivilität und internationale Solidarität nach dem zweiten Golfkrieg

»... alles hat sich unmerklich vollzogen, durch winzige Preisgaben, und als wir endlich den Kopf hoben, sahen wir im Spiegel ein fremdes, ein hassenswertes Gesicht: unser eigenes.« Mit diesen Worten kommentierte Jean-Paul Sartre am 6. März 1958 seine Erschütterung nach der Lektüre des Buches »Die Folter« von Henri Alleg.[242] Und zugleich brachte er damit den Humanitätsverlust auf den Punkt, dem zumindest Teile der französischen Linken auf dem Höhepunkt des Kolonialkrieges in Algerien Tribut zollten. 1966, also acht Jahre später, antwortet Peter Weiss auf eine Kritik zur Stockholmer Aufführung seines Stückes »Ermittlung« u.a. mit den eindringlichen Sätzen: »Die Besitztümer der reichen Nationen sind verpestet von Aasgeruch. Der Fortschritt, von dem ihre Staatsmänner mit tränenerstickter Stimme sprechen, wird mehr und mehr zu einem Fortschritt in der Eliminierung von Menschenleben.«[243]

Heute haben diese Diagnosen nicht das geringste an Aktualität eingebüßt. »Das Vergangene ist nie tot, es ist nicht einmal vergangen«, lautet das entlehnte Motto im Vor- und Abspann von Peter Hellers Film »Die Liebe zum Imperium«, der Mitte der siebziger Jahre die Greuel des deutschen Kolonialismus in Ostafrika ins Gedächtnis der internationalistisch bewegten Linken rief. Ein Motto, das wohl nicht nur für die historischen Erblasten von Kolonialismus, Imperialismus, Faschismus und Rassismus gilt, sondern auch für die Herausforderungen, die solcherart geprägte gesellschaftliche Verhältnisse von Ungleichheit, Macht, Herrschaft und Unterdrückung für diejenigen darstellen, die sich dagegen zur Wehr setzen.

Mit Krieg und Zivilität setzt sich dieses Kapitel auseinander. Es ist der fragmentarische, zögerliche und keineswegs frei von Selbstzweifeln angestellte Versuch einer Standortbestimmung internationaler Solidarität – und damit unser selbst – nach dem zweiten Golfkrieg. Dessen Einfluß auf unsere Herzen und Köpfe, sowie die daraus entstandenen Herausforderungen sind Thema des ersten Teils. Das darin zusammengetragene Zeitmosaik soll Konturen und Perspektiven unseres Engagements abstecken. Der zweite Teil wendet sich als Konsequenz daraus der virulenten Debatte um »Zivilgesellschaft« und »Zivilität« zu, die m.E. auch als Kategorien auf dem Wege zur Neubestimmung eines handlungsorientierten Internationalismus verstanden werden können, wie er zuletzt thematisiert wird.

Krieg

Im besserwisserischen Widerstreit von »Bellizisten« und Kriegsgegnern konnte es einem – wie Eva Demski – die Sprache verschlagen. »Ansteigende Einsamkeit« diagnostizierte sie nach vier Wochen Krieg: »Alle anderen wissen genau, was richtig ist – nur ich nicht.«[244] Was die Psychoanalytikerin Thea Bauriedl über »Die Wiederkehr des Verdrängten« in bezug auf die scheinbar »große« Politik zu sagen hat, gilt wohl auch für unsere Formen der Auseinandersetzung mit- und gegeneinander. Die Selbstzerfleischungen innerhalb des sogenannten grün-alternativen Spektrums seit der Wahlniederlage 1990 und in der Frage der deutsch-deutschen Vereinigung haben dabei noch eine Steigerung im Konflikt um die »richtige« Haltung zum zweiten Golfkrieg gefunden. Doch: »Anstatt die ganze Kraft dafür zu verwenden, die eigene Beziehung zu den jeweiligen ›Feinden‹ zu verbessern, denken sich die Politiker immer bessere, perfektere Kriegspläne zur psychischen und physischen Zerstörung der ›Feinde‹ aus. Wer die gegnerische Partei in einer Rede am besten ›trifft‹, ist auch in der eigenen Partei ›oben‹. Ein Gremium, in dem mitmenschliche Beziehungen auf ein solches Niveau des ausschließlich strategischen Umgangs untereinander reduziert sind, kann auch nach außen hin keine wirksame Friedenspolitik leisten.«[245]

Als »patriarchal organisierte Friedlosigkeit« läßt sich ein »westlicher Fundamentalismus« klassifizieren, dem viele im Zuge der erbitterten Kontroverse erlagen. Damit trat zugleich ein tiefverankerter Dualismus des abendländischen Denkens in seiner herrschaftsstabilisierenden Form und Funktion offen zutage: »Die Logik des ›Entweder-Oder-Und-Dazwischen-Gibt-Es-Nichts‹ ist die Logik des Dualismus, und genau diese wurde uns im Zuge des Golfkrieges tatsächlich in ihrer ausgeprägtesten Form offenbart.«246 Diese Ideologie beförderte ein metaphorisches Denken, das die Kriegsbefürwortung nährte.[247] Daß die als kritisch und links geltende Intelligenz vor den Scheuklappen und Schablonen eines solchen Denkens in Metaphern keinesfalls gefeit war, haben Wolf Biermann[248] und insbesondere Hans Magnus Enzensberger[249] stellvertretend für viele andere leider nur allzu deutlich vor Augen geführt.

Mit Genugtuung ist aber gleichzeitig zu vermerken, daß es auch jene Intellektuellen gegeben hat, die einer Kriegseuphorie keinesfalls erlagen. Als »Rhetorische Popanze« kanzelte z.B. W.F. Haug die Enzensbergersche Kriegsbejahung ab, »durchsetzt mit Gemeinplätzen, aufgemotzt als anthropologische oder sozialpsychologische Wahrheiten. Und was mehr ist: die Privilegierten entlastend, ohne deren Trägerschaft es keine Welteroberung gegeben hätte.«[250] Gewichtiger noch scheint mir sein Hinweis auf die grundsätzliche Gefahr der von Enzensberger bemühten Metaphern: »Enzensberger läßt die Logik der Endlösung in sich ein. Saddam Hussein ist ein Vernichter ergo ein zu Vernichtender. Dadurch ist der Diskurs zu einem Vernichtungsdiskurs geworden, der zu keiner Politik mehr fähig macht, nurmehr zum totalen Krieg. Allein dieses Beispiel von Mentalitätsmutation zeigt, welch ungeheure sekundäre Gefahren in diesem Krieg im Fehlen einer Widerspruchsanalyse und einer umfassenden Politik lauern. Die politische Kultur droht umzukippen.«[251]

Die von den »Bellizisten« für sich reklamierte »Verantwortungsethik« verkommt in ihrer aggressiven Abgrenzung und Schuldzuweisung gegenüber den »pazifistischen Drückebergern«, die damit angeblich doch nur ihren latenten Antisemitismus dokumentieren, letztlich zur »Gesinnungslumperei«. Bei genauerer Prüfung ergibt sich nämlich relativ schnell, daß die eigentliche Verantwortungsethik wenn schon, dann wohl am ehesten von den Kriegsgegnern für sich beansprucht werden könnte, da die Handlungsmaxime der »Schadensbegrenzung« vorhersehbar zugunsten der Einwände gegen die unabsehbaren Folgen der Kriegszerstörung gesprochen hat.[252]

Doch die Aufrechnerei alleine ist für den Zustand des »linken Projekts« wohl kaum von Nutzen. Die Wiedergabe eines Streitgesprächs der »Konkret« verdeutlicht über acht Druckseiten hinweg die Unvereinbarkeit der Standpunkte innerhalb dieses Spektrums, das wir bislang noch immer als »die Linke« wahrgenommen haben. Und es zeigt die Sprachlosigkeit und die Grenzen der Möglichkeiten zur konstruktiven Auseinandersetzung. In der gesamten Diskussion distanzierte sich Thomas Ebermann als einziger nachdrücklich vom Mittel des Krieges. Er erinnerte daran, daß die Haltung zum zweiten Golfkrieg »die Haltung zu zukünftigen Konflikten vergleichbarer

Natur präjudiziert« und prognostizierte: »Es braucht nicht viel Phantasie, das Muster ›Zivilisation versus Despotie‹ als zukünftiges Grundmuster solcher Kriege zu erkennen und vorauszusehen, daß ein erheblicher Teil der Linken pro Zivilisation Partei ergreifen wird.«[253]

Eine Weltordnung, die von Gewalt regiert und nicht durch institutionalisierte Normen und Werte reguliert wird, befürchtet Elmar Altvater. Für ihn hat die Ära der Ressourcenkriege begonnen, denen die ideologisch verbrämte Legitimation abhanden zu kommen droht. Denn »auf der militärischen Durchsetzung mieser Interessen konnte noch niemals eine Weltordnung gegründet werden. Ohne Moral geht es nicht. Und die kann nicht mit dem Verweis auf den rechtfertigenden Status von UNO-Resolutionen herbeigeredet werden. Die Moral in einer Weltordnung müßte verallgemeinerbar und in sich konsistent sein; Bush hat dazu nichts aussagen können. Die Aktion im Golf, mit der den Irakis und anderen potentiell aufmüpfigen Gestalten ›all over the world‹ mores gelehrt werden soll, untergräbt gerade diese Bedingungen ›moralischer Führung‹. So bleibt die Logik militärischer Gewaltausübung, die Zerstörung von Politik und Moral.«[254]

Das ist als Szenario so neu nicht und ruft Appelle ins Gedächtnis, die dem Internationalismus einen politisch-moralischen Auftrag zum Handeln zuweisen. 1967 hatte der Tod Che Guevaras den Literaten Peter Weiss zu einem Text bewegt, in dem er sich einmal mehr mit der Rolle der Internationalisten in dieser »ersten Welt« der Metropole angesichts der Greuel des Vietnam-Krieges beschäftigte. Und auch wenn der US-amerikanische Präsident Bush seine Siegesgewißheit mit der Ankündigung unterstrich, daß es in Kuwait kein zweites Vietnam gebe, ist der damalige Aufruf für uns noch immer bzw. heute wieder relevant: »Solange wir dieser scheinheiligen Aufteilung der Welt kein Ende machen, solange wir an dem, was wir haben, festhalten, als verstünde sich das von selbst, und es denen dort draußen verweigern, solange sind wir mitschuldig an jedem Mord, der in der Ferne begangen wird an denen, die den Kampf gegen das Unrecht führen. ... Es hat keinen Zweck, den Krieg zu verurteilen, weil er unschuldige Menschen verbrennt und vergast; es hat keinen Zweck, gegen völkerrechtswidrige Waffen, gegen die Folter, gegen den Bruch internationaler Abkommen zu protestieren. ... Jetzt kommt es darauf an, diesen Krieg und alle seine Nachkommen in Lateinamerika, in Afrika und im Nahen Osten genauer zu kennzeichnen und zu brandmarken als das, was sie sind: moderne Plünderungs- und Eroberungskriege mit den gigantischen Mitteln der Technologie.«[255]

Ein internationalistisches Engagement, wie von Peter Weiss vertreten, hat mittlerweile Patina angesetzt. Es steht für eine Position der späten sechziger und frühen siebziger Jahre, die in den achtziger Jahren von einer »Zitadellenkultur« abgelöst wurde, »deren künstlerische und intellektuelle Erfolgskultur in vollem Wohlstand von nichts als Krisen handelt«[256]. Mit dem zweiten Golfkrieg ist vom Westen nun der Beweis angetreten worden, daß Kriege wieder »führbar und unter vertretbaren Opfern gewinnbar sind« und damit die Selbstbehauptung der Kultur des Nordens gegen den Süden gelingen kann: »Die *Zitadelle* wird zur angemessenen Lebens- und Wahrnehmungsform.«[257] Vom US-amerikanischen Universalismusanspruch und dessen Werteorientierung auf Menschenrechte und Demokratie – wie plakativ, vordergründig und scheinheilig-instrumentell auch immer benutzt – bleibt hierbei nichts übrig als schlichte Machtpolitik mit dem Ziel, »das Chaos einzudämmen, es einzugrenzen auf Bereiche, die die eigene Befindlichkeit nicht stören«[258]. Demgegenüber gilt es »für innere Verhältnisse zu sorgen, in denen gesellschaftliche Kontrolle und Initiativen nicht spätestens dort haltmachen (müssen), wo es um Dinge jenseits der eigenen Grenzpfähle geht«[259]. Schließlich: »Die Zivilmächte begründen nicht qua Existenz eine Zivilisierung der internationalen Politik. Das gälte selbst dann, wenn sie mit Recht einen Status an Zivilität nach innen und außen für sich reklamieren könnten, der dem kategorischen Anspruch nahekäme. ... Die ansatzweise zivile Politik steht auf wackeligen Beinen, die ihr Rückwärts- wie Frischwärts-Normalisierer wegzutreten drohen. ... Zivilität bleibt politische Aufgabe. ... Gründerzeiten sind angesagt, auch außenpolitisch. In solchen Zeiten sollte man das Geschäft nicht mutwillig anderen überlassen.«[260]

Zivilität

Wenn in einer Kolumne der »Krieg als Erektion der Moderne« charakterisiert und behauptet wird, daß unsere Zivilität Barbarei in der Zukunft, in der »Dritten Welt« und in den Seelen fördert und produziert,[261] stimmt dies mit einer »Weltinnenpolitik nach Gutsherrenart« überein, gemäß derer künftig »die Konflikte immer häufiger von der Begleitmusik umspielt werden, daß es dabei um die Verteidigung der zivilen Gesellschaften und zivilisierter Verkehrsformen ginge«.[262] Damit sieht sich »die Skepsis derjenigen, die in den vergangenen Jahren davor gewarnt haben, daß die Werte und Regeln der westlichen Zivilisation immer schon die Bereitschaft implizierten, sie gegen das Fremde gewaltsam durchzusetzen«,[263] bestätigt.

Allerdings kommen mir Zweifel, ob es ausreicht, sich mit dieser Form von Kritik an einem spezifischen Zivilitätsverständnis zu begnügen. Bereits vor Kriegsausbruch waren Stichworte wie »demokratische Frage« und »Zivilgesellschaft« für die Aufnahme neuer Diskurse hinsichtlich sozialer Bewegungen in Osteuropa und der »Dritten Welt« en vogue geworden. Sie signalisieren nach meinem Dafürhalten mehr als nur einen modischen Trend unter einem desorientierten Teil der früheren Linken oder im Bereich der Sozialwissenschaften, die sich zugegebenermaßen immer wieder mit altem Wein in neuen Schläuchen zu reproduzieren trachten. Daß sich im Zuge dieser Debatte um »zivile Gesellschaft« auch das Phänomen der »Wellenreiterei« manifestiert, kann deren Ernsthaftigkeit nicht grundsätzlich in Abrede stellen.

Trotz György Konrads zur Eröffnung der Jahreshauptversammlung der Hochschulrektoren-Konferenz Ende April 1991 in Frankfurt vorgetragener Warnung, »daß bereits die neuen Luftballonhändler unterwegs sind«,[264] gilt es an der Erarbeitung neuer politischer Aufgaben und Ziele festzuhalten. So kann in der fortgesetzten Ausweitung der zivilen Gesellschaft die aktuelle Herausforderung des linken Projekts gesehen werden.[265] Richard Wagner verbindet damit den Appell, das Feld der politischen Auseinandersetzung um Definition und inhaltlich-politische Ausgestaltung von Begriffen nicht vorzeitig zu räumen. Er kritisiert die Verzichtshaltung der Linken in der Geschichte der Bundesrepublik: Anstatt in wesentlichen Politikfeldern die Kontroverse mit Rechten und Konservativen zu Ende zu führen, wurde deren Terraingewinn allzu häufig durch die freiwillige Preisgabe keinesfalls ausgefochtener Ideenkämpfe begünstigt.

Ernst zu nehmen sind hinsichtlich einer »zivilgesellschaftlichen Offensive« seitens der Linken allerdings Georg Fülberths Einwände. Sie warnen vor der Versuchung, sich durch ein Hintertürchen aus der konzeptionellen Debatte zu stehlen und mittels eines modischen Diskurses die tatsächlichen gesellschaftlichen Alternativen aus den Augen zu verlieren. Er steht mit diesem Verdacht keinesfalls alleine da,[266] begründet ihn aber erheblich seriöser, als die meisten Kritiker es bisher getan haben.[267] Für Fülberth stellt »die gängige Mehrheits-Interpretation des Begriffs Società civile ... einen ungedeckten Wechsel dar, der beim Versuch seiner Einlösung leicht platzen kann.«[268] Er macht den historisch-genetischen Aspekt geltend, daß eine gründliche Erforschung der Zivilgesellschaft »auf den Zusammenhang ihrer reizvollen Seiten mit deren höchst unerfreulichen Voraussetzungen stoßen«[269] werde. Zwar konzediert er einen Erkenntnisfortschritt darin, »Zivilgesellschaft als nicht auf die Ökonomie beschränkten, relativ eigenständigen Bereich zu begreifen.« Damit aber sei »lediglich ein Feld der Beobachtung ... abgesteckt, kein Wert entdeckt.« Schließlich könne Zivilgesellschaft »eine sehr brutale Angelegenheit sein«[270]. Und sein wohl gewichtigster Einwand gegen die allzu vorschnelle Operationalisierung des Begriffs als paradigmatische Perspektive einer linken Neubestimmung von Politik besteht in dem Hinweis, daß Zivilgesellschaft alleine einen innenpolitischen Komplex darstellt: »Internationalistisch kann sie offensichtlich nicht gefaßt werden. Außenpolitische Verbrechen sind ihr transzendent, daß heißt: ihnen gegenüber kann sie eine fürchterliche Unschuld besitzen.«[271]

Hier wäre es allerdings angebracht, die inhaltliche Konkretion der Begrifflichkeit »Zivilgesellschaft« auch verknüpft mit dem politisch-strategischen Konzept »Zivilität« zu diskutieren. Denn die Zwangsläufigkeit der innergesellschaftlichen Beschränkung – um nicht zu sagen Beschränktheit – des damit verbundenen politischen Programms scheint mir wenig plausibel. Die Konkretisierung von Zivilgesellschaft – z.B. in Form von Zivilität – kann (ja muß) auch die intergesellschaftlichen, internationalen und globalen Aspekte mitdenken und ihnen in der Realisierung als Programm konstitutiv Geltung verleihen. »Zivilität« denkt auch internationale Zusammenhänge und globale Interaktionen. Sie stellt so die Forderung nach Aufhebung der fraglichen Koexistenz von ziviler Gesellschaft und nationaler Identität und reißt die Raumschranke als Bedingung von Politik und Souveränität erklärtermaßen auch da nieder, wo sie vom multinationalen Kapital, supranationaler Zusammenarbeit und weltweiter Migration ohnehin bereits realiter überwunden worden ist.[272]

Dies setzt schließlich auch die neuerliche Beschäftigung mit jener Ideologie und ihrer materiellen Grundlagen voraus, die sich im Gewande des Nationalismus und seiner staatlichen Verfaßtheit während der vergangenen Jahrhunderte im Kontext jeweils spezifischer Raum- und Zeitmatrizes etablieren konnte.[273]

Hierbei ist gewiß auch die Frage von Belang, die Gerd Held nach der materiellen Kraft stellt, die »heute im Weltmaßstab Rechtsräume eröffnen und eine bürgerliche Gewaltenteilung sichern« kann. Er macht deutlich, daß wir mit der Diskussion des Stichworts »Zivilgesellschaft« erst am Anfang stehen:

»Zivile Gesellschaft ist in der neuen, offenen Weltsituation auf einmal sehr interessant geworden. Aber auch fraglich. Es zeigt sich, daß die Konstituierung der zivilen Gesellschaft Bruchlinien hat und daß die Theorie der zivilen Gesellschaft große Lücken aufweist. Der Begriff der zivilen Gesellschaft ist zu einem Zeitpunkt entstanden, als sie im Rahmen der Nation schon weitgehend konstituiert war. Das konnte zu einem doppelten Leichtsinn verführen: Die Trennung von Staat und ziviler Gesellschaft wurde vielfach einfach vorausgesetzt oder einem simplen Gründungsakt, einem Vertragsschluß und so weiter zugeschrieben, ohne daß nach handfesten Kräfteverhältnissen gefragt wurde. Und ohne daß auf einer materiellen Ebene die Macht des Staates und die Kraft der zivilen Gesellschaft klar geschieden wurden. Zugleich ließ man ziemlich sorglos die zivile Gesellschaft jeweils an den nationalen Grenzen enden, und auch dies entsprach den wirklichen Verhältnissen. Es gab sozusagen noch eine Gewaltenteilung: die Teilung zwischen den inneren und äußeren Verhältnissen einer Nation. Die neue Entwicklung der Weltsituation stellt genau hier das Problem: Der Zusammenhang von Staat und ziviler Gesellschaft wächst über nationale Grenzen hinaus.«[274]

Internationalismus...

Eine der Herausforderungen einer internationalistischen Perspektive besteht in der inhaltlichen Konkretisierung von Zivilgesellschaft und der Umsetzung des Konzepts in eine politische Praxis im *internationalen* Kontext. Daß wir es hierbei mit historischen Hypotheken und Ambivalenzen zu tun haben werden, sollte uns daran nicht hindern. Lassen wir die neueren Debatten über »Zivilgesellschaft« Revue passieren, so stoßen wir unweigerlich auf jene Ambivalenz, die in ähnlicher Weise auch die Diskurse über Demokratie und Demokratisierung auszeichnet.[275] Dabei ist die Frage nach Formen und Möglichkeiten der Entwicklung einer zivilen Gesellschaft in Ländern der »Dritten Welt«, aber auch nach einer *internationalen* Zivilgesellschaft als Herausforderung zur inhaltlichen Konkretion des Begriffs zu verstehen. Dies ist untrennbar von Fragen an das eigene internationalistische Selbstverständnis; die Herausforderung bezieht sich daher auch auf die (Neu-)Bestimmung von Werten und Normen sowie auf die Klärung der Verbindlichkeit solcher Kategorien im internationalen Kontext. Dies liegt jenseits einer Ebene machtpolitischer Konditionalität, wie sie derzeit als Auflagenpolitik im bi- und multilateralen Bereich internationaler Beziehungen zunehmend diskutiert wird.[276]

Wenn dem Bemühen um einen solchen »neuen Internationalismus« die Tendenz zu einer »nicht unproblematische(n) Stellvertreterfunktion« entgegengehalten wird,[277] so rührt dies in der Tat an ein grundsätzliches Dilemma. Aber nur weil Nachdenken und notwendige Standortbestimmung auch gesellschaftliche Verhältnisse andernorts nicht aussparen kann, läßt sich daraus noch kein prinzipielles Denkverbot ableiten – selbst unter Inkaufnahme solch abstruser Thesen, wie sie von Ulrich Menzel zur Debatte gestellt wurden. Zuerst konstatierte dieser das Ende der »Dritten Welt« und das Scheitern der großen Theorie. Daraus leitete er die Aufgabe ab, die Frage nach der Zivilisierung des Kapitalismus nicht nur in den westlichen Industriegesellschaften zu stellen, sondern diese auch als Programm für die Entwicklungstheorie und die Nord-Süd-Politik zu erheben.[278] Was damit gemeint ist, artikulierte er schließlich pointiert andernorts, indem er die skandalöse Forderung nach endgültiger Abschreibung dieser Gesellschaften in das Deckmäntelchen einer paternalistischen Hilfsmentalität zu kleiden bemühte, die als »Kolonialismus in humanitärem Gewand«[279] u.a. ein Treuhandschaftssystem für die Industrienationen, ausgestattet mit dem militärischen Instrument internationaler Eingreiftruppen vorsieht.[280]

Hierbei scheut er auch nicht davor zurück, die Bundesrepublik (und Japan) über deren Engagement im soeben beendeten Kriegsfall Irak hinausgehend in die (»zivilisatorische«?) Pflicht zu nehmen: Sie sollen »sich aus der Verantwortung ihrer wirtschaftlichen Leistungsfähigkeit heraus aktiv an einschlägigen Unternehmungen beteiligen, also nicht nur Geld geben und Experten entsenden, sondern sich auch an pazifizierenden Interventionen beteiligen«. Schließlich geht's ja einmal mehr um eine »gute Sache«. Da diese (wie der »gerechte Krieg«) nun mal – wie gehabt – eine Definitionsfrage ist, muß es dafür auch die kompetenten Entscheidungsinstanzen geben (alles muß schließlich seine Ordnung haben). Treuhandschaft wie Eingreiftruppen sollen deshalb »in den westlichen Industrieländern durch demokratisch legitimierte Organe kontrolliert werden«, an denen großzügigerweise »auch Vertreter der betroffenen Regionen beteiligt sind«. Und das ganze Gebräu, das die Macht- und Interessenfrage sorgsam ausspart, wird auch noch unter dem selbsterklärten Anspruch, »Myrdal im Sinne einer linken Position weiterzudenken«, präsentiert. Da muß ein SPD-Parlamentarier dagegenhalten, daß ein solches Konzept »imperialistischen Versuchungen sowie westlichen geopolitischen, wirtschaftlichen und politischen Eigeninteressen endgültig Tür und Tor« öffne.[281] Merkwürdige Zeiten... Sie machen deutlich, daß Selbstmitleid, Resignation und Defätismus die programmatisch orientierte inhaltliche Debatte höchstens denjenigen überlassen, die sie keinesfalls unter sich, ungestört und unwidersprochen führen und beeinflussen sollten.

Diese eher kursorischen Bemerkungen können erst einen vorläufigen Rahmen zur weiteren Diskussion abstecken. Gewiß ist »Zivilität« in der »Zivilgesellschaft« so wenig wie die »demokratische Frage« das magische »Sesam-Öffne-Dich« bei der Suche nach Standort, Identität und Perspektive internationaler Solidarität. Die Grundsatzfrage »Auf wessen Seite stellen wir uns?«, die Peter Weiss im August 1965 – bezeichnenderweise in einem »Brief an H. M. Enzensberger« – aufwarf, gilt hierbei noch immer: »Stehen wir auf der Seite derer, deren Kräfte heute einem Verschleiß bis zur Vernichtung ausgesetzt werden (so wie die Wehrlosen in den faschistischen Konzentrationslagern), denen die Güter und Ausbildungsmöglichkeiten, die uns zur Verfügung stehen, versagt sind, die von ihren Beherrschern zersplittert und gegeneinander aufgehetzt werden, denen die Ruhe zum wohlgewählten Ausdruck fehlt und die ihr aufgespeichertes Unglück in noch unorganisierten Ausbrüchen entladen, oder stehen wir auf der Seite derer, die diese Ausbrüche Pöbelrevolten nennen, oder Terroristentaten, und die zur Besonnenheit raten, weil sie die geltende Ordnung nicht gefährdet sehen wollen?«[282]

... im eigenen Land

Während in der Tat den »Bellizisten« eine »neue Philosophie des Welt-Krieges für die Weltzivilgesellschaft« ein wenig polemisch überspitzt aber durchaus zutreffend zugeschrieben werden[283] und das auch für Rezepturen vom Zuschnitt des Menzelschen Treuhandschaftsmodells gelten kann, enthebt uns dies dennoch nicht der Auseinandersetzung mit der Frage, »ob der beanspruchte Universalismus westlicher Werte akademisches Gerede bleibt oder sich in einer Welt-Politik konkretisiert, welche den Interessen jener praktisch Rechnung trägt, deren elende Daseinsweise vorerst nicht einmal den Gedanken an diese erlaubt«.[284] So gedacht hätte »Weltzivilgesellschaft« einen inhaltlichen Bedeutungsgehalt, der eben gerade nicht mit der Gleichsetzung von ziviler mit bürgerlicher Gesellschaft und »Zivilität« mit Bürgerlichkeit einhergeht. Diese analoge Verwendung der Begriffe signalisiert ja bereits die Kapitulation in einem der Diskurse, die von Gramsci durchaus als eine Form von »Stellungskrieg« hätte bezeichnet werden können.

Mit Fug und Recht – nach dem zweiten Golfkrieg mehr denn je – kann aber eine Gleichsetzung von bürgerlicher mit ziviler Gesellschaft in Zweifel gezogen werden. Die in der Marxschen Tradition stehende materialistische Gesellschaftskritik steht so vor der Herausforderung, unsere eigene »Zivilität« – z.B. auch und gerade hinsichtlich der Natur- und Geschlechterverhältnisse – zu hinterfragen.[285] Eine »Weltzivilgesellschaft«, die sich nicht als die Ausbreitung europäisch-abendländischer Wert- und Normenvorstellungen auf den Rest der Welt nach eurozentrischen Bedingungen begreift, muß also notwendigerweise auch immer die Frage nach gesellschaftlichen Interessen und Machtverhältnissen (altmodischer: Ausbeutung und Herrschaft) stellen – und entsprechend handeln. »Zivilgesellschaft« ist somit kein Substitut, sondern steckt – wie Fülberth schon gesagt hat – die Arena der Auseinandersetzungen ab. »Zivilität« umreißt dabei eine politische Forderung und Handlungsmaxime innerhalb dieses zivilgesellschaftlichen Rahmens. Sie reklamiert auch Solidarität, Empathie und Engagement gegen jene »Zitadellen-Bürgerlichkeit«, die unter dem Deckmäntelchen derselben Begrifflichkeit »Zivilität« gerade den Ausschluß der überwältigenden Bevölkerungsmehrheit dieser Erde von einem dominanten, spezifischen Zivilisationsmodell betreibt und sich dabei auch noch auf die Wahrung und Durchsetzung höherer Werte einer geistig-moralisch überlegenen Ordnung der Menschheit beruft. Insofern hat der Internationalismus zuvorderst seine Aufgabe im jeweils eigenen Land.

Die Forderung nach politischer Utopie, die Wolf-Dieter Narr namens des Komitee für Grundrechte und Demokratie in Zusammenhang mit der »Flüchtlingsdebatte« vortrug und mit dem Plädoyer für eine auf den Wandel des gesellschaftlichen Bewußtseins zielende »menschenrechtlich fundierte und ausgerichtete Diskussion« verknüpft, gilt gleichermaßen für die Neubestimmung von Internationalismus und internationaler Solidarität. Sie hat bei uns selbst anzufangen und uns zum Ausgangspunkt zu nehmen: »Unsere Konzeption verlangt u.a., daß wir diese Rechte nicht nur stellvertretend für andere und von anderen fordern. Sie macht es vielmehr notwendig, daß wir sie selbst zu leben versuchen.«[286]

Internationale Solidarität – so weiß Claus Leggewie wohl auch aus eigener Erfahrung – bot bislang allzu oft hingegen einen der Fluchtwege aus der innergesellschaftlichen Auseinandersetzung. So konnte durch »exzessive Fernstenliebe« der Verzicht auf alltägliches Handeln im eigenen Umfeld kaschiert und kompensiert werden, entstand eine »totalitäre Mischung aus innerem Stachanowismus und brüderlicher Hilfe nach außen«, die den Abschied aus der gegebenen Lebenswelt durch hehre Außenprojektionen förderte: »Die scheinbar selbstlose Geste der Solidarität mit Fremden entsolidarisiert sich mit dem Eigenen; wer die Entrechteten, Beleidigten und Unterdrückten in aller Welt ans Herz drückt (und sie zu umschlingen droht), darf der schäbigen Verwandtschaft daheim den Rücken kehren.«[287]

»Selbstaufopferung« jedenfalls verhüllt oftmals nur notdürftig die mangelnde Bereitschaft, sich selbst ins Auge zu blicken. Dabei sollte es als Fundament unseres politischen Handelns eigentlich erst einmal um uns gehen, nicht um das Wohl fiktiver Anderer. Anders ausgedrückt: »Solidarität scheitert, wo sie den Eigennutz nicht ins Kalkül zieht.«[288] In diesem Sinne soll hier abschließend gegen den Rückzug aus der Debatte und die Preisgabe von mit Begrifflichkeiten und Codes besetzten Feldern der inhaltlich-politischen Auseinandersetzung plädiert werden. In der Tat geht es nicht darum, die Zivilgesellschaft neu zu erfinden, sondern sie mit entsprechenden Inhalten zu füllen. Was wir brauchen ist »das Gegenbild der herrschenden Verhältnisse ... um die Zukunft einer an allen Ecken und Enden bedrohten Weltgesellschaft zu gewährleisten«.[289] Dies würde der »Notwendigkeit einer grundlegenden Rekonstruktion der Politik«[290] Rechnung tragen. Dazu kann auch die Neubestimmung internationaler Solidarität im eigenen Lande beitragen.

Solidarität mit wem oder was? Internationalismus zwischen Universalismus und Partikularismus

»Dogmatisches Denken zu im voraus feststehenden Zielen hin und Praktikertum können so gut miteinander auskommen wie bürgerliche Wohlanständigkeit und Bordell«, warnte Erich Fried schon zu SDS-Zeiten, als ein vom Trauma des Vietnam-Kriegs geprägter Internationalismus innerhalb der bundesdeutschen Linken gerade flügge wurde.[291] Mittlerweile ist die Ära dieser spezifischen Solidaritätsbewegung, der schon voluminöse Bücher gewidmet wurden, um sie in der Abfolge ihrer verschiedenen Etappen zu dokumentieren,[292] endgültig vorbei. Nicht aber die von Fried charakterisierte Doppelmoral.

Mit dem Scheitern der Kommandowirtschaften sowohl in den Ländern Osteuropas wie auch unter den »Befreiungsbewegungen an der Macht«,[293] ist uns allerdings die bequeme Argumentationslinie abhanden gekommen, die eine einfache Negation (der ungleichen kapitalistischen Gesellschaftsstrukturen) ermöglichte und damit die implizite Behauptung, daß es unter – nicht näher definierten – sozialistischen Vorzeichen doch erheblich gleicher und menschenfreundlicher zuginge. So leicht wird's uns in der »Zeit der berechtigten Skepsis gegenüber einfachen Heilslehren« nicht mehr gemacht: »Will man den alten Idealen weiter treu bleiben, muß ... aus der Kaste der Kritiker eine penibel arbeitende Gilde der Baumeister von Zukunftsprojekten werden«, wie es ein Beitrag im »Kursbuch« einfordert,[294] das als Periodikum selbst mit der Idee und Geschichte eines engagierten Internationalismus auf das engste verknüpft ist.

Abschied vom Mythos

Die gesellschaftlichen Emanzipationsziele und auch Utopien, die wir mit dem Internationalismus verbunden haben, sind uns aufgrund der

Realitäten in den Ländern und Regionen unserer Wahl so ziemlich abhanden gekommen – und damit auch unser Identifikationsobjekt und die Projektionsfläche. Angesichts der derzeitigen Konstellationen geht es bei den sozialen Bewegungen und Trägern staatlicher Macht, mit denen wir uns bislang mehr oder weniger stark solidarisierten, zumeist nur noch ums nackte Überleben und die blanke Selbstbehauptung mittels Anpassung an unverhüllter als je zuvor bestehende Zwänge. Der afrikanische Kontinent droht – von wenigen Regionen abgesehen – zum »Abschreibungsprojekt« zu werden. Nicht mehr die eigenständig angestrebte Abkoppelung vom Weltmarkt stellt sich als gewollte Herausforderung dar, sondern umgekehrt: die vom Weltmarkt zunehmend betriebene Abkoppelung weiter Teile des Kontinents steht auf der Tagesordnung.

Naive Klischees und die Ästhetisierung von Exotik bei einem so verdienten Alt-Internationalisten wie dem Genfer Soziologie-Professor und politisch streitbaren schweizerischen Parlamentarier Jean Ziegler führen uns angesichts dieser Realitäten in peinlicher Weise vor Augen, wie europäische Intellektuelle auf der Suche nach Sinngebung im vermeintlich und/oder real Fremden die Flucht aus der Wirklichkeit antreten und damit zugleich die politische Kapitulation vollziehen. So beschreibt Ziegler jene Frauen, die er anläßlich eines Besuchs auf den Kapverden den täglichen Ertrag des entbehrungsreichen Fischfangs ihrer Männer nach Hause tragen sieht, als »eine lange, endlos sich schlängelnde Reihe brauner Körper, schlanker Hälse, schöner aber ausgezehrter Gesichter, umrahmt von schwarzem Haar«.[295] Welch paradiesische Idylle. Sie zeigte sich auch in Zieglers Glorifizierung und Mythologisierung des Widerstandskämpfers der Befreiungsbewegungen in der »Dritten Welt«, den er zum »Menschen neuen Seins, der das Kommen der befreiten Menschheit ankündigt«,[296] hochstilisiert. Nicht erst seit der öffentlichen Auseinandersetzung um die Menschenrechtsverletzungen in den Reihen nationaler Befreiungsbewegungen – z.B. der SWAPO, des ANC und der Frente Polisario – hätten wir es (und mit uns Jean Ziegler) eigentlich besser wissen müssen.

Die selbstkritische Auseinandersetzung mit dem »Tiersmondisme« unter französischen Intellektuellen zu Beginn der achtziger Jahre[297] konnte hierzulande aufgrund der mitunter überspitzten Polemik und Selbstkasteiung hinsichtlich des Sündenfalls vergangener Tage zwar allzu häufig und leichtfertig schon im Vorfeld als überzogen klassifiziert und pauschal ad acta gelegt werden. Dennoch sollte »Das Schluchzen des weißen Mannes«, das hier stellvertretend als wohl populärstes (wenn auch nicht unbedingt bestes) Werk dieser Gattung genannt werden soll, nicht einfach ignoriert werden. Für den Zusammenhang unserer Überlegungen jedenfalls ist es bedeutsam, die darin konstant und beharrlich vorgetragenen Warnungen vor einer allzu blindwütigen und eilfertigen Selbstverleugnung und der unkritischen Akzeptanz des »Anderen« ernst zu nehmen: »Das Feiern der Differenz als höchster Norm kann in keinem Fall einen Wertmaßstab liefern; hier wird dem Gedanken einer menschlichen Gemeinschaft selbst ein Grab geschaufelt.«[298]

Auf anderem Wege argumentiert in gleicher Absicht ein anderer französischer Intellektueller, der zum Problem des Universalismus in Europa entwickelter Normen und deren Übertragbarkeit bzw. Verallgemeinerung anmerkt: »... wenn man den abendländischen Völkern die Segnungen der individuellen Unabhängigkeit vorbehält und dessen, was Tocqueville ›Gleichheit der Bedingungen‹ nennt, befindet man sich auf dem falschen Weg...«[299]

Menschenrechte als Universalismus...

Wird der Bedeutung der »Allgemeinen Erklärung der Menschenrechte« von 1948 in der Geschichte nachgespürt, kann anhand zahlreicher Texte dokumentiert werden, daß bei aller Diversität von Kulturen und Ideologien doch ein gemeinsames Grundverständnis solcher Menschenrechte erkennbar bleibt.[300] In einem Festvortrag anläßlich der »feierlichen Eröffnung des Akademischen Jahres« an der Freiburger Universität im Oktober 1990 (dort scheint es so etwas noch zu geben!), wird die weltweite Perspektive der UNO-Menschenrechtserklärung von 1948 bekräftigt. Bei dieser geht es um den Menschen wie um den Staat, denn »die Achtung der Menschenrechte ist ein Element der Legitimation des Staates. Die Rechtfertigung des modernen Staates hängt wesentlich ... von der Achtung der Rechte des Menschen ab.« Hierbei sind Menschenrechte im engeren Sinne von justitiell anwendungsfähigen Freiheits-, Gleichheits- und Eigentumsrechten »wegen ihrer Verwurzelung im Prinzip der Personalität und im Gedanken individueller sittlicher Autonomie universalisiert und nicht relativiert«. So ergibt sich als »zentrale Aufgabe und universale Zielsetzung des Rechts ›die Anerkennung der überall gleichen sittlichen Würde und Freiheit des Menschen‹«.[301]

Auch der an der Wirtschafts- und Rechtswissenschaftlichen Fakultät der Cheikh Anta Diop Universität in Dakar lehrende Gründer und Leiter des Studien- und Forschungszentrums zu pluralistischen Demokratien wendet sich vehement gegen jegliche Unterteilung prinzipieller Menschenrechte aus der Perspektive seines Kontinents. So weist er eine vorgeblich afrikanische Konzeption als Form von implizitem Rassismus zur Legitimierung antidemokratischer Praktiken zurück. Menschenrechte endeten nicht an Grenzen, sie seien unteilbar. Freiheit könne nicht für den Westen geeignet und in Afrika nicht anwendbar sein. Schließlich könne auch das Argument nicht gelten, daß bestimmte demokratische Werte fremder (i.S. von ausländischer) Herkunft seien. Dieser Einwand verkörpere eine beträchtliche Portion Zynismus, solange damit nicht die notwendige Kritik an den importierten Sprachen, Hauptreligionen, Nahrungsmitteln oder den Konsum-, Gebrauchs- und Investitionsgütern einherginge. Einer solchen selektiven Wahrnehmung hält er entgegen: »Es gibt nicht so etwas wie weiße, schwarze, gelbe, östliche oder westliche Menschenrechte; es gibt universelle Rechte, die für menschliche Wesen und deren einzigartige wie universelle Charakteristiken gelten. ... Es ist im Namen der Universalität, daß es unseren Teil der Erde etwas angeht, wenn diese Rechte irgendwo anders verletzt werden. Ihre Anerkennung und Wahrung ist für Afrika eine dringliche Angelegenheit.«[302]

Ähnlich hatte dies auch schon Ernest Mandel in seinen Überlegungen über »Freiheitsrechte und Sozialismus« angemahnt. Für ihn heißt die Antinomie nicht »Kollektivismus« versus »Individualismus«. Vielmehr steht das »Recht auf Subjektivität als Privileg einer Minderheit« zur Disposition gegenüber dem Kampf des »Rechts auf Subjektivität aller«. Der universelle Charakter der Menschenrechte darf ihm zufolge weder relativiert noch beschnitten werden: »Freiheitsrechte sind keine Kennzeichen spezifischer Kulturen. Sie sind Vorbedingung individueller Integrität aller Erdbewohner.«[303]

In einer Rede anläßlich des bundesweiten Bildungskongresses »Der Nord-Süd-Konflikt – Bildungsauftrag für die Zukunft« am 29. September 1990 in der Universität Köln vertrat der Kameruner Erziehungswissenschaftler David Simo die Auffassung, daß die »Einheit des Menschen, des Menschengeschlechts... nicht nur biologisch, sondern auch psychisch« sei. »Wenn das so ist«, schlußfolgerte er, »so muß auch ein Contrat Social nicht nur auf nationaler Ebene, sondern auch auf planetarer Ebene möglich sein.«[304] In einer der Arbeitsgruppen dieses Kongresses wurde denn auch die Einheit unserer Welt als Bezugsgröße definiert und damit die Forderung verknüpft, die bisherige Praxis von lokalem Denken bei gleichzeitigem globalen Handeln umzukehren in eine solche des globalen Denkens bei gleichzeitigem lokalem Handeln, um nicht mehr nationalkulturell, sondern menschheitsgeschichtlich orientiert vorzugehen.[305]

... und Menschenrechte als Partikularismus

Die universell-menschheitsgeschichtliche Auffassung darf allerdings individuellen bzw. gruppenspezifischen, kollektiven (Regional-) Identitäten den Respekt nicht a priori versagen. Gefordert ist vielmehr die Gratwanderung, die auch der relativistischen Sichtweise einen gebührenden Platz einräumt. Das Problem liegt in der jeweiligen Entscheidung darüber, wo dem »Recht auf Differenz« der legitime Respekt gebührt bzw. wo dessen Einforderung mit allgemeingültigen Werten von Menschenwürde und Gerechtigkeit kollidiert. »Die Wurzel für den Menschen«, so erinnerte Karl Marx schon 1843/44, »ist aber der Mensch selbst.« Daraus, »daß der Mensch das höchste Wesen für den Menschen sei«, leitet er in seiner »Kritik der Hegelschen Rechtsphilosophie« den kategorischen Imperativ ab, »alle Verhältnisse umzuwerfen, in denen der Mensch ein erniedrigtes, ein geknechtetes, ein verlassenes, ein verächtliches Wesen ist.«[306] Der leidigen Definitionsfrage allerdings vermag uns auch diese Handlungsmaxime nicht gänzlich zu entheben.

Dabei bewegen sich kulturrelativistische und -universalistische Positionen nur in einem vermeintlichen Gegensatz zueinander, dessen Festschreibung eine unnötige Einengung bedeutet und die konstruktiven Seiten beider Konzepte im Versuch der *Synthese* nicht erschließt. Für eine so orientierte ideologiebewußte Kulturdiskussion ist aber schon länger mit der Forderung nach dem »strategischen Pakt mit dem vermeintlichen Gegner« plädiert worden: »Kulturverstehende Theorie bedarf eines zumindest in der Tendenz universalistischen Maßstabs, der das Faktische seiner natürlichen Legitimität beraubt. Und: Utopische Theorie des Wegs zur Befreiung des Menschen bedarf eines interpretativen, in der Tendenz relativistischen Verfahrens zur Deutung kultureller Besonderheiten, das die Überhöhung einer Kultur zur ›besten aller Welten‹ zu erschüttern vermag.«

Die Sichtweise beider Ansätze ohne Ausschließlichkeitsanspruch nutzbar zu machen, könne so eine Möglichkeit bieten: »In gegenseitiger Fixierung können universalistische und relativistische Perspektiven wenig dazu beitragen, die Gefahr einer Erosion kultureller Vielfalt in der Weltgesellschaft zu erkennen und Änderungswissen zu produzieren. Als zwei Seiten humanistisch orientierter Kulturwissenschaft können sie Konzepte einer Entfaltung menschlicher Möglichkeiten formulieren, in denen sowohl der Widerstand gegen Veränderer als auch die Veränderung gegen Bewahrer ihren Platz haben.«307

Allzu lange vernachlässigt bzw. auch z.T. bewußt ignoriert wurde innerhalb der Solidaritätsbewegung in diesem Kontext die politisch gewendete Frage nach der Bedeutung regional-kultureller und ethnischer Identitäten. Das Spannungsfeld zwischen »modernem«, zentralisiertem Staatsapparat einerseits und den kollektiven Partikularinteressen der Mehrheit einer Region andererseits – z.B. in Biafra, im Matabeleland, im Norden Somalias, dem Süden Sudans oder in Eritrea – ist in den Reihen der Solidaritätsbewegung zumeist ignoriert oder durch vehemente Parteinahme für die eine oder die andere Seite nur recht vordergründig aufgelöst worden.

Hinsichtlich der weiteren Entwicklung der Gesellschaft am Kap, wo der ANC mit seiner Einheitspolitik die Forderungen nach Gruppenrechten zwangsläufig als Bemäntelung von Apartheid-Strukturen zurückweisen muß, drängt diese Frage in neuer Dringlichkeit auf die politische Tagesordnung auch der Solidaritätsbewegung hierzulande. Dabei geht es keinesfalls nur in verengter Sichtweise darum, ob »Inkatha« als eigenständige politische Organisation auf ethnisch-partikularer Grundlage ein Existenzrecht besitzt (das wäre wirklich zu einfach). Es geht in der Tat darum, ob es so etwas wie eine gruppenspezifische (Zulu-)Identität gibt (auch wenn sie nicht für alle »Zulus« gelten muß). Und ob auf Grundlage dieser Einsicht, wie ein bemerkenswert provokativer Aufsatz forderte, Ethnizität als eine soziale Kraft anerkannt und deren Dynamik in der jeweiligen Situation Rechnung getragen wird, ohne die gesellschaftlichen Prozesse darauf zu reduzieren. Gerade in der gegenwärtigen südafrikanischen Konstellation bedarf es eines offenen Denkens über die kulturelle Bedeutung gesellschaftlicher Identität sowie die daraus sich mitbestimmende ethnische und regionale Teilhabe an politischen Systemen. Daß der Verfasser sein Plädoyer zugleich für eine höchst polemische Abrechnung mit den Einäugigkeiten der orthodoxen Linken nutzt, kann ihm nicht verübelt werden – zu überzeugend sind die von ihm angeführten Beispiele der doppelten Moral und/oder einer Scheuklappenmentalität gerade in der »kulturellen Frage«.[308]

Herausforderung Inter-Nationalismus

Etienne Balibar hat darauf aufmerksam gemacht, daß im Prozeß der Ersetzung der alten Welt von Kolonialnationen und deren Manövrierfeldern in Form der restlichen Menschheit durch eine in formal gleichwertigen Nationalstaaten organisierte neue Welt »die ständig sich verschiebende, nicht auf die Staatsgrenzen reduzierbare Trennungslinie zwischen *zwei* inkommensurabel erscheinenden *Menschheiten*« bestehen bleibt: »Die des Elends und die des ›Konsums‹, die der Unterentwicklung und die der Überentwicklung«.[309] In diesem Prozeß zeichnen sich in der Ära nach der Blockkonfrontation signifikante Verschiebungen ab, die als Herausforderungen an eine Neubestimmung internationaler Solidarität zu verstehen sind. Erkennbar wird ein Paradigmenwechsel, der auf die Maxime gegenseitiger Einmischung abzielt und als »neuer Internationalismus« u.a. unter explizitem Verweis auf die Menschenrechtsproblematik, die Ökologie- und die Schuldenkrise als notwendige Revision der anachronistischen Konzepte nationaler Souveränität konzipiert wird. Gefordert wird von der Erkenntnis geleitetes politisches Handeln, »daß es keine absoluten und ungeteilten Souveränitäten und auch keinen ›Hauptwiderspruch‹ mehr geben kann, sondern viele fragmentierte Konfrontationslinien«.[310]

Ein ähnliches Plädoyer gelangt zu der Schlußfolgerung, daß sich die Idee nationaler Souveränität immer mehr auf ein formales Prinzip reduziert. Globale Vergesellschaftungsprozesse haben bereits in ökonomischer wie technologischer, aber auch in kultureller und ideologischer Hinsicht nationale Souveränität zur Fiktion werden lassen. Daraus kann ein Bedeutungszuwachs von Wertvorstellungen im transnationalen Zusammenhang abgeleitet werden, »die in einem System souveräner Nationalstaaten letztlich nicht gegen den Willen nationaler Regierungen durchsetzbar sind, allen voran das Konzept der Menschenrechte und in zunehmendem Maße – von der Idee der Menschenrechte nicht zu trennen, aber doch mit anderen Bezugspunkten formuliert – die Forderung nach der Erhaltung der Umwelt auch für künftige Generationen«.

Die Entwicklung eines weltweiten politischen Prozesses, »an dem nicht nur offizielle Vertreter nationaler Regierungen teilnehmen«, ist hinsichtlich der Perspektiven entscheidend: »Allianzen über nationale Grenzen hinweg zur Erreichung bestimmter Ziele (Durchsetzung von Menschenrechten, Umverteilung, Friedenssicherung, Umwelterhaltung usw.) müssen sich verstärken; der politische Horizont muß über den nationalstaatlichen Rahmen als primären Bezugspunkt hinauswachsen.« Daraus ergibt sich die Notwendigkeit einer Herausbildung von Formen internationaler Konfliktregelung »von unten« sowie damit einhergehend die Überwindung des Nationalstaats.[311]

Für Michael Löwy gab es noch Ende der achtziger Jahre keine Veranlassung, a priori die Möglichkeit der Errichtung einer supra-nationalen Organisation im Sinne einer sozialistischen Welt-Republik zu leugnen. Diese würde gemäß seiner Vision die Nation auf deren essentielle kulturelle Dimension zurückführen, wirtschaftlich und politisch hingegen die menschliche Gattung vereinigen. Die innerhalb eines solchen Rahmens entstehende universelle Kultur würde mit der reichen Vielfalt nationaler Kulturen friedlich koexistieren.[312]

Von der Verwirklichung eines Wunschtraums solchen Zuschnitts sind wir in der Stimmungslage nach dem zweiten Golfkrieg gewiß weit entfernt. Allenthalben mehren sich die Appelle nationalistisch-eurozentrisch entrückter Intellektueller, die von »Weltpolizei« oder »Treuhandschaft« mit »humanitären Eingreiftruppen« und ähnlichen westlich bestimmten globalen Ordnungsinstanzen faseln und dabei versteckte Großmachtgelüste und Herrenmenschenambitionen ausleben.[313] Hierbei kann man mit Recht auf einen Vergleich zwischen den im Kern gesinnungsethisch argumentierenden »Verantwortungsethikern« und den professionellen Intellektuellen der Jahrhundertwende zurückgreifen, wobei sich »Parallelitäten in der mentalen Verfassung machtferner Intellektueller um 1900 und den 90er Jahren« nachweisen lassen, die zu einem »Déjà vu«-Erlebnis führen: »einzig ›Kultur‹ muß man durch ›Westen‹ oder ›Zivilisation‹ ersetzen«[314]. – »Fragt sich eben nur« – so bereits Julien Benda (1867-1956) in seinem erstmals 1927 veröffentlichten Buch über den »Verrat der Intellektuellen«, in dem er mit dem politischen Patriotismus im Sinne eines (National-) Partikularismus der »clercs« kritisch zu Gericht geht – »ob die Aufgabe des Intellektuellen in der Konsolidierung von Imperien besteht.«[315]

Kritiker am nationalen Chauvinismus hat es zu jener Zeit auch schon in deutschen Landen gegeben. Mit dem Pädagogen Friedrich Wilhelm Foerster (1869-1966) soll abschließend einer von ihnen zu Worte kommen. Denn Foersters schon 1920 ausgesprochene Warnung vor dem ideologisch gezüchteten Nationalismus und der Konsequenz eines neuen Partikularismus liest sich wie eine aktuelle Diagnose: »Durch den tiefgewurzelten Sinn für Einheit, Ordnung und System haben sich die besten Deutschen in das Idol des nur auf sich selbst gestellten Machtstaates verirrt. ... Ein Volk, das sein nationales Leben als obersten Selbstzweck betrachtet, wird zum Ausgangspunkt von jeder Art von Partikularismus im Kleinen und Großen. ... Auch eine sogenannte europäische Politik mit der Spitze gegen Amerika, oder eine abendländische Sammlung mit feindlicher Gegenstellung gegen den Orient wäre nichts als ein neuer Partikularismus, dessen übler Geist nicht nur nach außen hin neues Unheil stiften, sondern auch nach innen hin der tiefsten und besten Motive menschlicher Einigung verlustig gehen würde.« [316] – Dem ist eigentlich auch mehr als siebzig Jahre später (leider) nichts hinzuzufügen.

»Der Krieg formt seine Leute«: für einen menschlichen Internationalismus

Um politische Kultur und Menschlichkeit geht es am Ende dieses Buches. Und um Menschen in Prozessen gesellschaftlicher Umwälzung, die bewußt nur relativ spärlich mit den Worten eines Beobachters kommentiert werden. Viel mehr wird auf die Kraft dessen vertraut, was von den Betroffenen selbst hierzu schon gesagt worden ist und was wir bisher vielleicht allzu wenig in unserem Verständnis von Internationalismus berücksichtigt haben. Wenn dies als moralischer Impetus wahrgenommen wird, gehört dies zur Absicht des Textes, in dessen Zentrum menschliche Subjekte, nicht abstrakte politökonomische Strukturen stehen. Gerade auch zur Klärung der Frage, ob der Internationalismus am Ende ist, scheint mir das ein wesentlicher Bezugspunkt.

Von Menschen handelt auch »Mayombe«, ein 1971 während des Guerillakampfes an der Cabinda-Front in Angola geschriebener Roman von Pepetela (dem MPLA-Decknamen von Artur Carlos Mauricio Pestana, den er als Schriftsteller beibehalten hat). In diesem Buch, das seit seiner Erstveröffentlichung 1979 zu einem Nationalepos des unabhängigen Angola geworden ist, gibt es eine Schlüsselszene. Sem Medo (»Ohne Furcht«), Kommandeur einer Guerillero-Gruppe, äußert im Gespräch mit dem neuernannten MPLA-Regionalbeauftragten Mundo Novo (»Neue Welt«) im lokalen Stützpunkt des Mayombe – wie der dichte Regenwald bezeichnet wird, wo dieser Kampf geführt wurde – folgendes: »Was ich weiß, und ich möchte, daß du das verstehst, ist, daß diese Revolution, die wir durchführen, die Hälfte der Revolution ist, die ich mir wünsche. Aber das ist das Mögliche, ich kenne meine Grenzen und die Grenzen des Landes. Meine Rolle ist es, zu dieser Halbrevolution beizutragen. Deshalb gehe ich bis zum bitteren Ende, obwohl ich weiß, daß meine Tat zur Hälfte unnütz, ober besser gesagt, nur zur Hälfte nützlich ist, gemessen an dem Ideal, das sich in mir festgesetzt hat.«[317]

Im weiteren Verlauf des Kampfes fällt Sem Medo – fast könnte man sagen, konsequenterweise. Er erlebt so die Verwirklichung dieser »Halbrevolution« nicht mehr. Der nachkoloniale, ernüchternde Alltag, den Pepetela in seinem späteren Band »Der Hund und die Leute von Luanda« so trefflich und mit liebevoller wie auch sarkastischer Ironie schildert,[318] bleibt ihm so erspart. Im Epilog von »Mayombe« bekennt der Politkommissar, dessen Ungestüm Sem Medo das Leben kostete, in der Rolle des Erzählers:

»Sem Medos Tod bedeutete für mich den Hautwechsel ..., die Metamorphose. ... Und ich erkenne, wie lächerlich der einzelne ist. Er ist es jedoch, der in der Zeit den Fortschritt prägt.

Wie er (Sem Medo, H.M.) denke ich, daß die Grenze zwischen Wahrheit und Lüge ein Weg durch die Wüste ist. Die Menschen teilen sich nach beiden Seiten der Grenze auf. Wie viele gibt es, die wissen, wo dieser Sandweg inmitten des Sandes verläuft? Es gibt sie jedoch, und ich bin einer von ihnen. Sem Medo wußte es auch. Aber er beharrte darauf, daß es ein Weg durch die Wüste sei. Deshalb lachte er über diejenigen, die sagten, es sei ein freigeschlagener, im Grün des Mayombe deutlich sichtbarer Pfad. Heute weiß ich, daß es keine gelben Pfade inmitten des Grüns gibt.«[319]

Namibia ist das jüngste Beispiel gesellschaftlicher Verhältnisse, die wir seit Mitte der siebziger Jahre unter dem Kürzel »Befreiungsbewegungen an der Macht« begreifen und kategorisieren. Der kleinste gemeinsame Nenner, nämlich der einer Unterstützung des antikolonialen Widerstands zur Erringung der formalen Unabhängigkeit, ist damit hinfällig bzw. verwirklicht. Die wir bisher relativ vorbehaltlos unterstützt haben, etablieren sich als die neuen Regierenden, denn es geht schließlich auch im Kampf für völkerrechtliche Souveränität und Selbstbestimmung immer zugleich um die Erringung von politischer Macht und Herrschaft.

Innerhalb dieser Umbruchsituation, begleitet von der Durchsetzung neuer gesellschaftlicher Strukturen – hier werden bewußt alle externen, ökonomischen und politischen Faktoren beiseite gelassen, ohne daß damit behauptet würde, sie spielten keine wichtige (z.T. sogar entscheidende) Rolle –, stellt sich erneut unter den veränderten Vorzeichen die Frage, mit wem wir es zu welchem Zwecke halten. Eine Befreiungsbewegung ist etwas anderes als eine herrschende politische Partei. In diesem Zusammenhang gilt es sich auch bewußt zu machen, unter welchen Bedingungen eine Befreiungsbewegung zum Träger der staatlichen Macht geworden ist. In all den Fällen – von

Algerien über Vietnam und Kambodscha, die ehemals portugiesischen Kolonien, über Zimbabwe und Nicaragua bis hin zu Namibia – hatten wir es mit blutigen Kämpfen zu tun, mit langen und erbitterten Auseinandersetzungen. Im Falle Namibias mit einem Vierteljahrhundert Kolonialkrieg.

»Der Krieg formt seine Leute«, schreibt Christa Wolf in ihrer Erzählung »Kassandra«[320]. Das ist mein zentrales Thema, denn ich glaube, daß dieser Satz auch einen Aufgabenbereich für den neuen Internationalismus definiert. Einen Internationalismus, der sich damit auseinandersetzen muß, ob es neben dem kleinsten gemeinsamen Nenner des wenigstens formalen Selbstbestimmungsrechts der Völker nicht auch einen kleinsten gemeinsamen Nenner von unumstößlichen Menschenrechten gibt. Dazu ein Gedicht von Erich Fried:

Tote Menschen sind tote Menschen
wer immer sie waren
Wer nicht nachfragt
wie Menschen sterben
der hilft sie töten.

Rückblickend wage ich zu zweifeln, ob die Solidaritätsbewegung wirklich immer und in jedem Falle nachgefragt hat, wenn Menschen gestorben sind. Oder ob die Nachfrage nicht an einem bestimmten Punkt eingestellt (so überhaupt betrieben) wurde, weil sie mit dem hehren Ziel des gerechten Kampfes um nationale Selbstbestimmung kollidierte. Wir befinden uns derzeit mitten in diesem Problem von Gewalt und Krieg einerseits und Menschlichkeit andererseits. Dazu hat der südafrikanische Jurist Albie Sachs – der nach 24jährigem Exil als Mitglied des ANC erstmals wieder in seine südafrikanische Heimat zurückkehren konnte – im Mai 1990 in einem Vortrag vor den Studierenden der University of Western Cape Stellung bezogen. Albie Sachs führte u. a. aus:

»Ich frage mich manchmal, sind wir auf die Freiheit vorbereitet? ... Ich bin nicht darauf vorbereitet. Es gibt noch so viel Schmerz, so viele Erinnerungen, so viele Gewohnheiten. Wir haben im Kampf überlebt, Genossen, weil wir uns der Situation angepaßt haben, die der Widerstand schuf. Wir haben eine Kultur des Widerstandes entwickelt, die Disziplin des Widerstandes. Wir lernten, in der Illegalität zu arbeiten, nicht Telefone zu benutzen, wie man geheime Nachrichten weitergibt, miteinander konspirativ kommuniziert. Das ist aber nicht das Verhalten freier Menschen, das ist das Verhalten von

Menschen, die Widerstand leisten und für Freiheit kämpfen. Ich denke machmal, wir sind wie diese Reptilien, die eine sehr harte und enge Haut haben. Es ist diese Haut, die uns beschützt hat vor der Folter, den Schlägen, dem Tränengas. Aber ich meine, wir müssen diese Haut jetzt abstreifen, damit die neue, frische menschliche Persönlichkeit hervorkommen kann, die den neuen Aufgaben gewachsen ist. Damit wir im Sonnenlicht gehen können, ohne geblendet zu sein.«[321]

Ich frage mich, ob in den Reihen der »solidarisch bewegten Internationalisten« nicht auch noch sehr viele »Reptilien« existieren, denen die schon eingangs zitierte Metamorphose noch bevorsteht. Und ob nicht dieser Lernprozeß, den Albie Sachs für sich und seinesgleichen einfordert, auch einer ist, mit dem wir selbst konfrontiert sind. Mit Bience Gawanas soll eine weitere Betroffene zu Wort kommen. Sie repräsentierte die SWAPO im Exil, studierte Jura in England und wurde 1988 unter dem Vorwurf der Spionage für Südafrika von der SWAPO in Südangola festgehalten. Aufgrund relativ großen Drucks insbesondere aus England wurde sie bereits nach mehreren Monaten wieder entlassen. Bience Gawanas ist Mitglied der SWAPO geblieben und bekleidet als Rechtsanwältin seit 1991 ein hohes Staatsamt, in das sie von der (SWAPO-) Regierung berufen wurde. Daß Bience Gawanas die nachfolgend zitierten Äußerungen in einer Rede anläßlich der Eröffnung einer Ausstellung im Rahmen der Unabhängigkeitsfeiern Namibias im März 1990 in Windhoek frei machen konnte, ist ebenso wie ihre darauffolgende berufliche Karriere ein erfreuliches und ermutigendes Zeichen. Sie sagte u. a.:

»Wir stehen an der Schwelle zu einer neuen Ära, wir werden Brücken über das Trennende bauen. Doch wenn wir mit Hoffnung in die Zukunft sehen, dürfen wir die Vergangenheit nicht begraben – unsere Geschichte, wie traurig und bestürzend sie auch gewesen sein mag. In anderen Worten, während wir uns über den Gewinn der langersehnten Freiheit freuen, sollten wir die Zeit auch für die Erinnerungsarbeit nutzen. Ein Morgen kann nicht ohne das Gestern gebaut werden. Unsere Geschichte wurde nicht in leerem Raum geschaffen, sondern von Menschen wie uns gemacht. Wir sind die Handelnden und damit notwendig Teil dieser Geschichte. Zu sagen, laßt uns Vergangenes vergessen, heißt zu sagen, laßt uns unsere Geschichte vergessen. Zu sagen, laßt uns unsere Geschichte vergessen, heißt, den Blutzoll für die heilige Sache unserer Befreiung zu leugnen, die Leben, die von vielen geopfert wurden. Es heißt zu sagen, daß unser Kampf vergeblich war.

Unsere Geschichte ist eine Geschichte über die Menschenrechte. Eine Geschichte des Kampfes, auf der Suche nach Selbstbestimmung und Menschlichkeit. Einige von uns und unsere Kinder wurden mitten im Kampf geboren. Wir schufen Spielplätze des Krieges, nicht der Freude für unsere Kinder. Unsere Kinder spielten nicht mit Spielzeug, sondern mit echten Gewehren und Bomben. Sie waren Erwachsene, bevor sie Kinder gewesen waren. Sie sind die Erben nicht nur eines wunderschönen Namibia, sondern auch dieser von traurigen Erinnerungen an die menschliche Unmenschlichkeit gegen Menschen überschatteten Geschichte. Sie sollten die Vergangenheit kennen, damit sie für sich selbst eine bessere Zukunft vorbereiten können. Wir sind aufgerufen, im Prozeß der Aussöhnung zu einer Nation zu werden. Wenn das bedeutet, die Vergangenheit zu vergessen, wird es für viele sehr schwierig werden. Wir können vergeben, aber nicht vergessen.«[322]

Milan Kundera hat diesen Standpunkt auf den Satz gebracht: »Der Kampf des Menschen gegen die Macht ist der Kampf des Gedächtnisses gegen das Vergessen.«[323] – Solche Worte tragen dem Rechnung, was Erich Fried in die folgenden Zeilen kleidete:

Die Gewalt herrscht
wo irgendwer
oder irgendetwas
zu hoch ist
oder zu heilig
um noch kritisiert zu werden
oder wo die Kritik nichts tun darf
sondern nur reden
und die Heiligen oder die Hohen
mehr tun dürfen als reden.

Dies ist eine Haltung, die es für politisch-gesellschaftliche Kultur schlechthin einzuklagen gilt – also auch für die unsere. Internationalismus ist auch und zuvorderst ein Prozeß der eigenen Selbstfindung. Denn wie können wir internationale Solidarität üben, wenn wir nicht über unser eigenes Dasein halbwegs kritisch reflektieren. Die Solidaritätsarbeit als Projektionsmuster zur Verwirklichung naiver Revolutionsträume ist zu Ende – und sei es auch nur aufgrund der harten politischen Realität allerorten. Die Fluchtwege sind verbaut.

Konnten die Befreiungsbewegungen letztlich zu keiner Zeit unsere Hoffnungen und Wünsche, unsere Utopien und Romantizismen wirklich erfüllen, so können sie es jetzt im Alltagsgeschäft der Konsolidierung eines staatlichen Apparates und dessen Machterhalt unter ihrer Kontrolle noch weniger.

Amilcar Cabral, der 1973 ermordete Präsident der Befreiungsbewegung für Guinea-Bissao und die Kapverden (PAIGC), hatte schon vor mehr als 25 Jahren anläßlich eines internationalen Solidaritäts-Kongresses 1964 in Italien auf die Frage nach der besten Form von Solidarität eine Antwort gegeben, die für uns auch heute noch Gültigkeit besitzt. Cabral sagte sinngemäß, wenn Solidarität im Sinne ideologischer und materieller Hilfe geleistet würde, wäre dies gewiß ein wichtiger Beitrag. Aber, so fuhr er fort, die beste Form der Solidarität sei es, den Kampf im eigenen Lande zu führen.[324]

Ein Satz aus Christa Wolfs »Kassandra« steht in der Überschrift zu diesem Kapitel. Es endet mit einem weiteren Zitat aus dieser Erzählung:

»Das hab ich lange nicht begriffen: daß nicht alle sehen konnten, was ich sah. Daß sie die nackte bedeutungslose Gestalt der Ereignisse nicht wahrnahmen. Ich dachte, sie hielten mich zum Narren. Aber sie glaubten sich ja. Das muß einen Sinn haben. Wenn wir Ameisen wären: Das ganze blinde Volk stürzt sich in den Graben, ertränkt sich, bildet die Brücke für die wenigen Überlebenden, die der Kern des neuen Volkes sind. Ameisengleich gehn wir in jedes Feuer. Jedes Wasser. Jeden Strom von Blut. Nur um nicht sehn zu müssen. Was denn? Uns.«[325]

Anmerkungen

1 Sie sind, wie die Drucknachweise am Ende dokumentieren, fast ausnahmslos zuerst in Form einzelner Referate oder Aufsätze zu diversen Anlässen und Zeiten entstanden. Die Arbeitsmöglichkeiten am Fachbereich Gesellschaftswissenschaften der Gesamthochschule Kassel haben mir deren Abfassung meist erleichtert. Dazu gehörte u.a. auch die Bewilligung fachbereichsinterner Forschungsmittel. Wenngleich nur bescheidenen Umfangs, haben sie doch zur Verwirklichung des vorliegenden Bandes beitragen können. Darüber hinaus habe ich an dieser Stelle namentlich Adelheid Ams und Gislinde Wagner zu danken, deren persönliches Engagement bei der Abschrift der Manuskripte die Erfüllung ihrer Arbeitspflichten weit überschritt. Ausdrücklicher Dank gebührt schließlich Roland Apsel und Volkhard Brandes, deren Interesse und Betreuung weit mehr als eine formal-professionelle Einstellung von Verlegern bekundete.

2 Es war unmöglich, für diese Publikation alle einschlägig relevanten Veröffentlichungen hinreichend zu berücksichtigen und adäquat zu würdigen. Der Lücken bin ich mir (zumal als relativ pingeliger Akademiker) angesichts eines überquellenden Zettelkastens mit weiteren bibliographischen Querverweisen schmerzlich bewußt.

3 Auch hier wären weitere Schneisen zu schlagen gewesen, um die ausgetretenen Trampelpfade herkömmlichen Denkens öfters zu verlassen. So harrt die Parallele zwischen »dem Wilden«, »der Frau« und »dem Kind« noch der Vertiefung, die sich aus der gezielten Verknüpfung frauenspezifischer Wissenschaftsforschung mit der Pädagogik und Psychologie (sowie weiterer relevanter, u.a. auch sozialgeschichtlicher Aspekte) herstellen ließe. – Ein ambitiöses Unterfangen, das vielleicht auch eher aus weiblicher Sicht konsequenter aufgegriffen werden sollte.

4 Es scheint mir mitunter recht schwierig, eine solche Unterscheidung durchzuhalten, die ich im übrigen jenseits der akademischen Debatte auch nicht für sonderlich relevant erachte: Den von rassistischer Diskriminierung betroffenen Menschen dürfte es ziemlich gleichgültig sein, ob die Grundlage ihrer Herabsetzung sich auf biologistische oder kulturalistische Kriterien (oder wie zu vermuten zumeist eine Mischung aus beidem) stützt. Dennoch gibt es natürlich auch einige lesenswerte Analysen und Überlegungen zur Konstruktion unterschiedlicher Rassismen. Vgl. u.a. Wieland Elfferding, Funktion und Struktur des Rassismus. Eine Theorieskizze. In: Theorien über Rassismus. Hg. von Otger Autrata/Gerrit Kaschuba/Rudolf Leiprecht/Cornelia Wolf. Hamburg und Berlin: Argument 1989 (Argument-Sonderband, AS 164), S. 101-112; Stuart Hall, Die Konstruktion von »Rasse« in den Medien. In: Ders., Ausgewählte Schriften. Hg. von Nora Räthzel. Hamburg und Berlin: Argument 1989, S. 150-171; Robert Miles, Rassismus. Einführung in die Geschichte und Theorie eines Begriffs. Hamburg und Berlin: Argument 1991.

5 Dies gilt in besonderem Maße für Arbeiten, die aus einer binnengesellschaftlichen Wahrnehmung und Perspektive heraus argumentieren und Verhältnisse in ethnisch heterogenen Gesellschaften wenig im Blick haben. Insofern handelt es sich mitunter

auch um unterschiedliche Prämissen bei der Verwendung des Begriffs. Siehe als Beispiel hierfür u.a. Annita Kalpaka/Nora Räthzel (Hg.), Die Schwierigkeit, nicht rassistisch zu sein. Leer: Mundo 1990 (2., völlig überarb. Aufl.) sowie speziell zu diesem Aspekt ausführlicher meine Rezension in Widerspruch, 11. Jg., Heft 21, Juni 1991, S. 190-193; ähnlich und dieser Auffassung von Kalpaka/Räthzel folgend, wird Ethnozentrismus mit Rassismus auch gleichgesetzt in der im übrigen nicht nur anspruchsvollen sondern auch erkenntnisreichen Studie von Rudolf Leiprecht, »... da baut sich in uns ja ein Haß auf...« Zur subjektiven Funktionalität von Rassismus und Ethnozentrismus bei abhängig beschäftigten Jugendlichen – eine empirische Untersuchung. Hamburg und Berlin: Argument 1990; zusammenfassend auch ders., Rassismus und Ethnozentrismus bei Jugendlichen. Dortmund: pad 1991 (DISS-Texte Nr. 19).

6 Vgl. hierzu Ioan M. Lewis, Der Kochkessel der Kannibalen. In: Hans Peter Duerr (Hg.), Die wilde Seele. Zur Ethnopsychoanalyse von Georges Devereux. Frankfurt/Main: Suhrkamp 1987, S. 370-382.

7 Siehe zum Phänomen der Anthropophagie (»Menschenfresserei«) als universellem topos, aber auch zu dessen besonderer (auch rassistischer) Bedeutung in der europäischen Reiseliteratur des 19. Jahrhunderts den Aufsatz von Erwin Frank, »Sie fressen Menschen, wie ihr scheußliches Aussehen beweist...« Kritische Überlegungen zu Zeugen und Quellen der Menschenfresserei. In: Hans Peter Duerr (Hg.), Authentizität und Betrug in der Ethnologie. Frankfurt/Main: Suhrkamp 1987, S. 199-224.

8 John H. Bodley, Der Weg der Zerstörung. Stammesvölker und die industrielle Zivilisation. München: Trickster 1983.

9 Frauke Gewecke, Wie die neue Welt in die alte kam. Stuttgart: Klett-Cotta 1986, S. 285.

10 Karl-Heinz Kohl, Abwehr und Verlangen. Das Problem des Eurozentrismus und die Geschichte der Ethnologie. In: Ders., Abwehr und Verlangen. Zur Geschichte der Ethnologie. Frankfurt/Main: Edition Qumran/Campus 1987, S. 123-159 (hier: S. 124).

11 Ebenda, S. 125 und 126.

12 Ernest Jouhy, Ethnozentrismus und Weltgesellschaft. In: Ders., Bleiche Herrschaft – Dunkle Kulturen. Essais zur Bildung in Nord und Süd. Frankfurt/Main: Verlag für Interkulturelle Kommunikation 1985, S. 45-82 (hier: S. 45).

13 Ebenda, S. 48.

14 Helmut Stockhammer, Schnappschüsse in Schwarzweiß, oder: Wo liegt Afrika? Kolonialistische Denkformen in Hegels Geschichtsphilosophie und Freuds Metapsychologie. In: Österreichische Zeitschrift für Soziologie, 10(1982), S. 6-16 (hier: S. 15; Herv. i.0.).

15 David Simo, Die Nord-Süd-Problematik aus der Sicht des Südens. In: Der Nord-Süd-Konflikt. Dokumentation. Hg. vom World University Service. Wiesbaden: World University Service/Deutsches Komitee 1991, S. 52-63 (hier: S. 54).

16 Ruth Groh/Dieter Groh, Weltbild und Naturaneignung. Zur Kulturgeschichte der Natur. Frankfurt/Main: Suhrkamp 1991, S. 36.

17 Damit einher ging auch die Schaffung eines normativen Wertekatalogs und Bezugssystems, das universelle Gültigkeit beansprucht und – wie im Falle der Menschenrechtsfrage in besonders pointierter Weise – zu höchst komplexen und diffizilen in-

haltlichen Auseinandersetzungen führen kann. Vgl. hierzu die sich daraus ergebenden Überlegungen insb. in den Kapiteln am Ende des Bandes.

18 Dabei soll natürlich nicht geleugnet werden, daß es immer auch mehr oder weniger ausgeprägte Strömungen gesellschaftlicher bzw. ideengeschichtlicher Alternativen gegeben hat, die sich bewußt von den herkömmlichen Prämissen distanzierten und sozialutopische bzw. zivilisationskritische Gegenmodelle vertraten (gemeint ist damit allerdings weniger der topos des »edlen Wilden«, der eigentlich als Metapher und Projektionsfläche nahezu durchgängig nur eine komplementäre Form des dominanten Gesellschaftsbildes widerspiegelte; vgl. hierzu Kapitel Ausgrenzung und Vereinnahmung). Deren (macht-)politische Relevanz allerdings blieb weitgehend ohne wirksamen und nachhaltigen Einfluß.

19 Alfred W. Crosby benutzt diese Begrifflichkeit in: Die Früchte des weißen Mannes. Ökologischer Imperialismus 900-1900. Frankfurt/Main und New York: Campus 1991, S. 105.

20 Karl-Heinz Kohl, »Travestie der Lebensformen« oder »kulturelle Konversion«? Zur Geschichte des kulturellen Überläufertums. In: Ders., a. a. 0., S. 7-38 (hier: S.23).

21 Max Horkheimer/Theodor W. Adorno, Dialektik der Aufklärung. Philosophische Fragmente. Amsterdam: de Munter 1947, S. 38.

22 Vgl. Robert Spaemann, Universalismus oder Eurozentrismus. In: Petra Braitling/Walter Reese-Schäfer (Hg.), Universalismus, Nationalismus und die neue Einheit der Deutschen. Philosophen und die Politik. Frankfurt/Main: Fischer 1991, S. 81-90 (hier: S. 84).

23 Dies fordert u.a. der am Max-Planck-Institut für Astrophysik in Garching tätige Peter Kafka, Das Grundgesetz vom Aufstieg. Vielfalt, Gemächlichkeit, Selbstorganisation: Wege zum wirklichen Fortschritt. München: Hanser 1989.

24 Norbert Bernhard, Tarzan und die Herrenrasse. Rassismus in der Literatur. Basel: Lenos 1986, S. 178. Dort findet sich das Gedicht von Kipling sowohl in englischer Originalfassung wie in deutscher Übersetzung wiedergegeben (S. 52-55), ergänzt um einige aufschlußreiche Details hinsichtlich des politisch-ideologischen Stellenwerts, das ihm jenseits der »schönen Künste« in recht handfester Weise bei der US-amerikanischen Entscheidung im Februar 1899 zur Übernahme der Verwaltung der Philippinen zukam (S. 51f.).

25 Ja, es handelt sich tatsächlich um genau jenes »Dschungelbuch«, das von der Walt Disney Company so perfekt als Zeichentrickfilm Made in Hollywood in Szene gesetzt worden ist und das dessen Autor Kipling zu internationaler Berühmtheit verhalf. Als dieser 1936 in London 71jährig starb, galt er als der bedeutendste dichterische Vertreter des englischen Imperialismus (so jedenfalls formuliert es recht unbekümmert der Rowohlt Verlag im Vorwort der erstmals 1950 erschienenen Taschenbuchausgabe des Dschungelbuchs). Er hatte den Nobelpreis verliehen bekommen, die Goldmedaille der Royal Society of Literature und die Ehrendoktorwürde der Universitäten von Oxford, Cambridge, Edinburgh, Athen, Paris und Straßburg. Und sein »White Man's Burden« wurde zum geflügelten Wort.

26 Daß dieser männliche Prototyp der Menschheit auch im »anderen Geschlecht« (Simone de Beauvoir) mitunter jede Menge »Herrenmenschen« und »Komplizinnen« bei der Ausübung seiner Macht gefunden hat, verdeutlichen die einschlägigen Arbeiten von Martha Mamozai, Herrenmenschen. Frauen im deutschen Kolonialis-

mus. Reinbek: Rowohlt 1982 (2. Aufl. 1989 als: Schwarze Frau, weiße Herrin – Frauenleben in den deutschen Kolonien) und: Komplizinnen. Reinbek: Rowohlt 1990.

27 Hans Branscheidt, 500 Jahre Verleugnung & die Wiederkehr des Verdrängten. In: Das Fünfhundertjährige Reich. Emanzipation und lateinamerikanische Identität: 1492-1992. Hg. von Bruni Höfer u.a. Frankfurt/Main: Medico International 1990, S. 225-248 (hier: S. 227).

28 Vgl. hierzu auch Matthias Röhrig-Assunção/Juliana Ströbele-Gregor, Auch die Konquista war ein »Gerechter Krieg«. In: Peripherie, 11. Jg., Nr. 43/44, Januar 1992, S. 115-137.

29 Tzvetan Todorov, Die Eroberung Amerikas. Das Problem des Anderen. Frankfurt/Main: Suhrkamp 1985, S. 183ff., hier S. 185.

30 Hartmut Böhme/Gernot Böhme, Das Andere der Vernunft. Zur Entwicklung von Rationalitätsstrukturen am Beispiel Kants. Frankfurt/Main: Suhrkamp 1985, S. 15 und 17.

31 Ebenda, S. 17 und 20.

32 Ernst Alt, Zum Entfremdungsbegriff. Der theoretische Ansatz bei Rousseau. Frankfurt/Main und Bern: Lang 1982, S. 47 und 49. Vgl. auch Rolf Peter Sieferle, Die Krise der menschlichen Natur. Zur Geschichte eines Konzepts. Frankfurt/Main: Suhrkamp 1989, S. 9-34.

33 Sozialer Wandel. Zivilisation und Fortschritt als Kategorien der soziologischen Theorie. Herausgegeben und eingeleitet von Hans Peter Dreitzel. Darmstadt: Luchterhand 1972 (2. Aufl.), S. 24, 27 und 31.

34 Reinhart Koselleck, Vergangene Zukunft. Zur Semantik geschichtlicher Zeiten. Frankfurt/Main: Suhrkamp 1989 (urspr. 1979), S. 324 und 336.

35 Roland Baecker, Fortschrittseuphorie, Sinnverfinsterung und die Wiederentdekkung des Natürlichen. Zur Geschichte des Begriffs Fortschritt und Diskussion seines Selbstverständnisses in der neuzeitlichen Philosophie. Oldenburg: Bibliotheks- und Informationssystem der Universität Oldenburg 1988, S. 69 und 72f.

36 Klaus Wahl, Die Modernisierungsfalle. Gesellschaft, Selbstbewußtsein und Gewalt. Frankfurt/Main: Suhrkamp 1989, S. 95 und 107. Vgl. zur Allmachtsphantasie der Fortschrittsgläubigkeit u.a. auch Günter Anders, Die Antiquiertheit des Menschen. Band 1: Über die Seele im Zeitalter der zweiten industriellen Revolution. München: Beck 1988 (urspr. 1956), insb. S. 279ff.

37 Roland Baecker, a.a.O., S. 91.

38 Alexander Henn, Reisen in vergangene Gegenwart. Geschichte und Geschichtlichkeit der Nicht-Europäer im Denken des 19. Jahrhunderts: die Erforschung des Sudan. Berlin: Reimer 1988, S. 110f.

39 Julia Kristeva, Fremde sind wir uns selbst. Frankfurt/Main: Suhrkamp 1990, S. 138.

40 Wolfgang Sachs, »Mannigfaltigkeit der Situationen«. Über Wilhelm von Humboldts Versuch, die Grenzen der Wirksamkeit des Staats zu bestimmen. In: Thomas Schmid (Hg.), Entstaatlichung. Neue Perspektiven auf das Gemeinwesen. Berlin: Wagenbach 1988, S. 26-50 (hier: S. 32 und 33).

41 Stephen Toulmin, Kosmopolis. Die unerkannten Aufgaben der Moderne. Frankfurt/Main: Suhrkamp 1991, S. 321.

42 Zitiert nach Rolf Cantzen, Weniger Staat – mehr Gesellschaft. Freiheit – Ökologie – Anarchismus. Frankfurt/Main: Fischer 1987, S. 49.

43 Sigmar Groeneveld, Auf dem Wege unterwegs oder: Thematisierung des Entwicklungsbegriffs – Technische Stimulation versus kultureller Prozeß. Vortragsmanuskript zur Tagung »Theorie und Praxis eigenständiger Regionalentwicklung in ländlichen Räumen« an der Gesamthochschule Kassel, 10.-12. November 1988, S. 8.

44 Rudolf zur Lippe, Vom Leib zum Körper. Naturbeherrschung am Menschen in der Renaissance. Reinbek: Rowohlt 1988, S. 16f.

45 Vgl. zu deren Ansätzen zusammenfassend kritisch Robert van Krieken, Die Organisierung der Seele. Elias und Foucault über Disziplin und das Selbst. In: Prokla, 21. Jg., Nr. 85, 1991, S. 602-619.

46 Dietmar Kamper, Zur Geschichte der Einbildungskraft. Reinbek: Rowohlt 1990 (urspr. München: Hanser 1981), S. 112f. und 123.

47 Christoph Wulf, Kooperation im Bildungsbereich und die Schonung des Fremden – Anthropologische und zivilisationsgeschichtliche Perspektiven. In: Zeitschrift für Kulturaustausch, 38(1988)3, S. 379-383 (hier: S. 382).

48 Albert Statz, Nachkriegszeit: Vereinte Nationen zwischen ziviler und militärischer Weltordnung. In: Vereinte Nationen, 39(1991)4, S. 129-134 (hier: S. 131).

49 Wolfgang Sachs, Der neue Name für Entwicklung. In: epd-Entwicklungspolitik, Nr. 16, September 1991, S. 17-20 (hier: S. 19).

50 Wolfgang Sachs, »Eine Welt« gegen viele Welten. Zur Archäologie der Entwicklungsidee (IV). In: epd-Entwicklungspolitik (Dokumentation), Nr. 6/7, März 1990, S. m-o (hier: S. m).

51 Joseph Roth, Die Tungusen. In: Literarische Welt, 8. August 1930. Zitiert nach: Joseph Roth, Drei Fundstücke aus dem späten journalistischen Werk. In: Frankfurter Rundschau, 25. August 1990.

52 Zitiert nach Hans Christoph Buch, Die Nähe und die Ferne. Bausteine zu einer Poetik des kolonialen Blicks. Frankfurt/Main: Suhrkamp 1991, S. 46.

53 Dieser Song findet sich auf der Langspielplatte mit dem programmatischen Titel »Survival« aus dem Jahre 1979.

54 Vgl. an ergänzenden Ausführungen zum kolonialen Blick auch folgende Aufsätze, die als Grundlage für dieses Kapitel dienten, aber z.T. auch andere inhaltliche Schwerpunkte setzen: Henning Melber, Rassismus und eurozentrisches Zivilisationsmodell: Zur Entwicklungsgeschichte des kolonialen Blicks. In: Theorien über Rassismus, a.a.O., S. 29-62; ders., Rassismus und Eurozentrismus als Phänomene kolonialistischer Betrachtungsweise. In: Klaus Geiger (Hg.), Rassismus und Ausländerfeindlichkeit in Deutschland. Beiträge zu ihrer Erforschung. Kassel: Gesamthochschulbibliothek 1985 (Kasseler Materialien zur Ausländerpädagogik; 5) S. 5-80; ders./Gerhard Hauck, Kolonialer Blick und Rationalität der Aufklärung. In: Peripherie, 10. Jg., Nr. 37, Dezember 1989, S. 6-20.

55 Benedict Anderson, Die Erfindung der Nation. Zur Karriere eines erfolgreichen Konzepts. Frankfurt/Main: Campus 1988, S. 20.

56 Ernest Jouhy, a.a.0, S. 45.

57 Gerhard Hauck, Habermas, die Magie und die Universalität der Vernunft. In: Peripherie, 7. Jg., Nr. 27, Juni 1987, S. 41-50 (hier: S. 49f.). Vgl. speziell zum ökonomi-

schen Aspekt rassistischer Ideologie und Praxis insb. auch Werner Ruf, Ökonomie und Rassismus. In: Theorien über Rassismus, a.a.O., S. 63-84.

58 Wolf Lepenies, Kalte Vernunft und Gefühlskultur. Sozialwissenschaften, Literatur und das Ende der Aufklärung. In: Der Traum der Vernunft. Vom Elend der Aufklärung. Darmstadt und Neuwied: Luchterhand 1985, S. 51-74 (hier: S. 63).

59 Condorcet, Entwurf einer historischen Darstellung der Fortschritte des menschlichen Geistes. Herausgegeben von Wilhelm Alff. Frankfurt/Main: Suhrkamp 1976, S. 193.

60 Immanuel Kant's physische Geographie. Zweyter Band. Königsberg 1802. In: Immanuel Kant/Eckhard Henscheid, Der Neger (Negerl). Frankfurt/Main: Fischer 1985, S. 9-33 (hier: S. 15 und 18).

61 Vgl. zu Kant und Hegel auch das Kapitel: Zwischen Welt*un*ordnung...

62 Georg Wilhelm Friedrich Hegel, Philosophie der Geschichte. In: Werke in zwanzig Bänden. Frankfurt/Main: Suhrkamp 1970. Band 12, S. 120 und 122.

63 Anton Blok, Anthropologische Perspektiven. Einführung, Kritik und Plädoyer. Stuttgart: Klett-Cotta 1985, S. 128; Herv. i.O.

64 Während Norbert Elias mit dem »Prozeß der Zivilisation« eher eine (Selbst-)Abrichtung der Menschen im individuell-informellen Sinne beschreibt, versucht »Sozialdisziplinierung« den herrschaftlichen Aspekt auch stärker im formellen, institutionalisierten Sinne bürokratischer Instanzen zu betonen. Beide Begrifflichkeiten aber haben ihre Wurzeln im Werk Max Webers und kennzeichnen Prozesse der Rationalisierung, Disziplinierung und Moralisierung, mit denen sie auch auf das Bürgertum als ökonomischen und gesellschaftlichen Träger dieser Entwicklung verweisen. Vgl. zum bereits im Mittelalter einsetzenden Prozeß der Sozialdisziplinierung, wie er von Kirche, Ketzerbewegungen, dem Territorialstaat und insbesondere auch den Reichsstädten betrieben wurde: Werner Buchholz, Anfänge der Sozialdisziplinierung im Mittelalter. Die Reichsstadt Nürnberg als Beispiel. In: Zeitschrift für Historische Forschung, 18(1991)2, S. 129-147 (hier: S. 134).
Auch am Beispiel der Eßkulturen läßt sich in historischer Perspektive die Herausbildung der »Ordnung der Dinge« veranschaulichen. Ursprünglich als Selbstbeherrschungstheorien der Renaissance und des Absolutismus durch die Pädagogik popularisiert und verbreitet, breitet sich die reglementierte Ernährungsweise allmählich über die höfische Gesellschaft hinausgehend auch auf das Bürgertum aus: »Für das sich herausbildende bürgerliche Individuum zu Beginn der Industrialisierung wird der Verzicht, der Aufschub, die Möglichkeit, sich an die gegebenen Ressourcen anzupassen ... konstitutiv. Diese Tugenden ... tragen auch durch Kontrolle und Selbstbeherrschung zur Stabilität des bürgerlichen Ichs bei. Eine Stabilität allerdings, die in dem Maße labil sein muß, in dem Affekte kontrolliert und Triebe verschoben werden müssen.« Thomas Kleinspehn, Warum sind wir so unersättlich? Über den Bedeutungswandel des Essens. Frankfurt/Main: Suhrkamp 1987, S. 282. – Ähnliches gilt natürlich mindestens ebenso sehr für den Bereich der Sexualität und den damit verknüpften Kanon an Tugenden und moralischen Regeln.

65 Wolfgang Kaschuba, Volkskultur zwischen feudaler und bürgerlicher Gesellschaft. Zur Geschichte eines Begriffs und seiner gesellschaftlichen Wirklichkeit. Frankfurt/Main: Campus 1988.

66 Zitiert nach ebenda, S. 10.

[67] Zitiert nach ebenda, S. 116f. Vgl. hierzu auch den Quellenband von Paul Münch (Hg.), Ordnung, Fleiß und Sparsamkeit. Texte und Dokumente zur Entstehung der »bürgerlichen Tugenden«. München: dtv 1984 sowie Wolfgang Asholt/Walter Fähnders (Hg.), Arbeit und Müßiggang 1789-1914. Dokumente und Analysen. Frankfurt/Main: Fischer 1991.

[68] Wolfgang Kaschuba, a.a.0., S. 117.

[69] Ebenda, S. 119.

[70] Ebenda, S. 122.

[71] Eric Hobsbawm/Terence O. Ranger (Hg.), The Invention of Tradition. Cambridge: Cambridge University Press 1983. Vgl. zur »Erfindung von Tradition« in außereuropäischen Gesellschaften zusammenfassend auch Henning Melber, Stammeskultur als Zivilisationsgut. Anmerkungen zur tribalistischen Hinterlassenschaft des Kolonialismus in afrikanischen Gesellschaften. In: Peripherie, 5. Jg., Nr. 18/19, April 1985, S. 143-161.

[72] Philippe Meyer, Das Kind und die Staatsräson oder Die Verstaatlichung der Familie. Ein historisch-soziologischer Essay. Reinbek: Rowohlt 1981, S. 41.

[73] Heike Behrend, Kolonisierung der Zeit. Zur Vorstellung von Entwicklung und Geschichte bei den Tugen im Nordwesten Kenias. In: Peripherie, 7. Jg., Nr. 27, Juni 1987, S. 22-29 (hier: S. 22); vgl. hierzu auch Reinhart Koselleck, Vergangene Zukunft, a.a.0. sowie ders., Fortschritt und Beschleunigung. Zur Utopie der Aufklärung. In: Der Traum der Vernunft, a.a.0., S. 75-103. Dies verweist auch auf die eminente binnengesellschaftliche Funktion des geänderten Zeitverständnisses. Diese Zäsur beschreibt anhand des Wandels vom Ordens- zum Ordnungsprinzip und des damit verknüpften Arbeitsethos am Beispiel der Zisterzienser für das Mittelalter anschaulich Martin Burckhardt, Im Innern der Uhr. In: Leviathan, 18(1990)2, S. 293-306.

[74] Ernest Jouhy, Bildung im Spannungsfeld zwischen ethnischer Verwurzelung und technischer Universalität. In: Pädagogik Dritte Welt – Jahrbuch 1986. Frankfurt/Main: Verlag für Interkulturelle Kommunikation 1987, S. 15-23 (hier: S. 17f.).

[75] Peter Gstettner, Die Eroberung des Kindes durch die Wissenschaft. Aus der Geschichte der Disziplinierung. Reinbek: Rowohlt 1981, S. 8.

[76] Guntram Knapp, Naturgeschichtliche Auffassung von Kultur bei Darwin und Haeckel. In: Helmut Brackert/Fritz Wefelmeyer (Hg.), Naturplan und Verfallskritik. Zu Begriff und Geschichte der Kultur. Frankfurt/Main: Suhrkamp 1984, S. 250-288 (hier: S. 273f.).

[77] Eric J. Hobsbawm, Die Blütezeit des Kapitals. Eine Kulturgeschichte der Jahre 1848-1875. Frankfurt/Main: Fischer 1980, S. 335.

[78] Franz Giesebrecht (Hg.), Die Behandlung der Eingeborenen in den deutschen Kolonien. Ein Sammelwerk. Berlin: Fischer 1898, S. 125f.

[79] Peter Gstettner, Wissenschaftliche Objektivität und zivilisatorische Gewalt: Über die Ausbreitung der leidenschaftslosen Menschenbeobachtung. In: Jos Gerwin/Gottfried Mergner (Hg.), Innere und äußere Kolonisation. Zur Geschichte der Ausbreitung Europas auf die übrige Welt. Oldenburg: Bibliotheks- und Informationssystem der Universität 1982, S. 15-47 (hier: S. 29).

[80] Gérard Leclerc, Anthropologie und Kolonialismus. Frankfurt/Main u.a.: Ullstein 1976, S. 12.

[81] Vgl. zu dieser Gewalt der Wahrnehmung u.a. die Dokumentation der Herrenmenschen-Mentalität am Beispiel »Deutsch-Südwestafrikas« bei Henning Melber/Mary Melber/Werner Hillebrecht (Hg.), In Treue fest, Südwest! Eine ideologiekritische Dokumentation von der Eroberung Namibias über die deutsche Fremdherrschaft bis zur Kolonialapologie der Gegenwart. Bonn: Informationsstelle Südliches Afrika 1984. Siehe zu Ausmaß und Bedeutung der deutschen Kolonialherrschaft und dem Stellenwert des Genozids im südwestafrikanischen »Schutzgebiet« auch Henning Melber, Kontinuitäten totaler Herrschaft: Völkermord und Apartheid in »Deutsch-Südwestafrika«. Zur kolonialen Herrschaftspraxis im Deutschen Kaiserreich. In: Wolfgang Benz (Hg.), Jahrbuch für Antisemitismusforschung, Band 1. Frankfurt/Main: Campus 1992, S. 91-116.

[82] Zitiert nach Manfred Nußbaum, Vom »Kolonialenthusiasmus« zur Kolonialpolitik der Monopole. Zur deutschen Kolonialpolitik unter Bismarck, Caprivi, Hohenlohe. Berlin(DDR): Akademie 1962, S. 121.

[83] Peter Schmitt-Egner, Kolonialismus und Faschismus. Eine Studie zur historischen und begrifflichen Genesis faschistischer Bewußtseinsformen am deutschen Beispiel. Gießen und Lollar: Achenbach 1975, S. 108.

[84] Vgl. hierzu Hans-Ulrich Wehler, Bismarck und der Imperialismus. München: dtv 1976 (4. Aufl.).

[85] Albert Wirz, Die deutschen Kolonien in Afrika. In: Zeitschrift für Kulturaustausch, 34(1984)3, S. 289-298 (hier: S. 298).

[86] Wilhelm Solf, Die deutsche Kolonialpolitik. In: Deutschland und der Weltkrieg. Herausgegeben von Otto Hintze u.a., Leipzig und Berlin: Reclam 1915, S. 142-170 (hier: S. 160).

[87] Conrad Falkenhorst, Jungdeutschland in Afrika: Der Baumtöter. Dresden 1894, S. 3.

[88] Zahlreiche anschauliche Beispiele finden sich hierfür u.a. bei Martha Mamozai, Herrenmenschen, a.a.0.

[89] Clara Brockmann, Briefe eines deutschen Mädchen aus Südwest. Berlin: Mittler 1912, S. 4.

[90] Zitiert nach Herward Sieberg, Drittes Reich und Dritte Welt. Die koloniale Frage im Kalkül nationalsozialistischer Außen- und Außenwirtschaftspolitik, 1933-1939. In: Rektorat der Hochschule Hildesheim (Hg.), Deutschland vor 50 Jahren. Die nationalsozialistische Machtergreifung 1933. Hildesheim 1984, S. 110-123 (hier: S. 112).

[91] Zitiert nach Gerda Weinberger, An den Quellen der Apartheid. Berlin(DDR): Akademie 1975, S. 125.

[92] Vgl. hierzu Benno Müller-Hill, Tödliche Wissenschaft. Die Aussonderung von Juden, Zigeunern und Geisteskranken 1933-1945. Reinbek: Rowohlt 1984. Auf Kontinuitäten vom deutschen Kolonialismus über die NS-Rassenideologie bis in den bundesdeutschen Wissenschaftsbetrieb verweisen auch die Aufsätze von Irmgard Pinn, Die »Verwissenschaftlichung« völkischen und rassistischen Gedankenguts am Beispiel der Zeitschrift »Volk und Rasse«. In: 1999. Zeitschrift für Sozialgeschichte des 20. und 21. Jahrhunderts, 2(1987)4, S. 80-95 und dies./Michael Nebelung, Das Menschenbild der Bevölkerungstheorie und Bevölkerungspolitik. Deutsche Traditionslinien vom »klassischen« Rassismus bis zur Gegenwart. In: Peripherie, 10. Jg., Nr. 37, Dezember 1989, S. 21-50.

[93] Helmut Bley, Unerledigte Deutsche Kolonialgeschichte. In: Entwicklungspolitische Korrespondenz (Hg.), Deutscher Kolonialismus. Materialien zur Hundertjahrfeier 1984. Hamburg: Gesellschaft für entwicklungspolitische Bildungsarbeit 1983, S. 9-16 (hier: S. 12).

[94] Ebenda, S. 16.

[95] Vgl. hierzu ausführlicher u.a. meine kritische Darstellung des »kolonialen Jubiläums« anläßlich einer Tagung »Kolonialismus – zwischen Anpassung und Widerstand« vom 22. bis 24. Februar 1985 in Bad Boll, abgedruckt im Protokolldienst Nr. 25/85, S. 6-28.

[96] Peter Schmitt-Egner, a.a.O., S. 6.

[97] Hannah Arendt, Elemente totaler Herrschaft. Frankfurt/Main: Europäische Verlagsanstalt 1958 (gekürzte Ausgabe in einem Band), S. 55.

[98] Max Horkheimer/Theodor W. Adorno, a.a.0., S. 216.

[99] Ebenda, S. 213.

[100] Ebenda, S. 234.

[101] Helmut Bley, a.a.O., S. 15.

[102] Bertelsmann Volkslexikon. Gütersloh: Bertelsmann 1963, Spalte 1270.

[103] Die Informationen entstammen dem Artikel von Peter Holle, Unwörter als Brutstätte inhumaner Formulierungen. In: Frankfurter Rundschau, 5. Februar 1992.

[104] Über die sozialkulturellen Aspekte des Reisens und deren Wandel informieren ausführlich und aufschlußreich die Beiträge in Hermann Bausinger/Klaus Beyrer/Gottfried Korff (Hg.), Reisekultur. Von der Pilgerfahrt zum modernen Tourismus. München: Beck 1991. – Wie unschwer zu vermuten, ist auch die Sozialgeschichte des Reisens ein Paradebeispiel für die Entwicklungsetappen des kolonialen Blicks. Besonders anschaulich findet sich dies auch beispielhaft beschrieben bei Wolfgang Schivelbusch, Geschichte der Eisenbahnreise. Zur Industrialisierung von Raum und Zeit im 19. Jahrhundert. Frankfurt/Main: Fischer 1989 (urspr. München: Hanser 1977).

[105] Schon die Bodelschwinghschen Anstalten (Bethel-Mission) setzten sich bei ihrem Aufbau die Urbarmachung von Natur (z.B: Trockenlegung von Sumpfgebieten) zum Ziel. Kolonisierung ist schließlich mindestens ebenso sehr Abrichtung und Zähmung von Natur wie von Menschen. Zu letzterem trugen Diakone der Bodelschwinghschen Anstalten im übrigen auch bei, indem sie 1905 in Lutindi das einzige »Irrenasyl« in den deutschen Kolonien gründeten. Sie exportierten damit den Aussonderungsprozeß von Menschen – wie u.a. in zahlreichen Studien von Michel Foucault bezogen auf den europäischen »Zivilisationsprozeß« dargestellt – gemäß des Verständnisses der eigenen Gesellschaft mit zeitlicher Verzögerung auch in die »Schutzgebiete«. Vgl. hierzu Albert Diefenbacher, Psychiatrie und Kolonialismus. Zur »Irrenfürsorge« in der Kolonie Deutsch-Ostafrika. Frankfurt/Main: Campus 1985.

[106] Besonders anschaulich verdeutlicht dies ein Werbe-Spot, in dem sich das vor dem anonymen Jogger in der Wildnis auftürmende, unüberwindlich scheinende Bergmassiv wie von Zauberhand teilt und ihm den Weg durch eine Schlucht öffnet.

[107] Wolfgang Zeidler, Ist dem sozialen System die Dauer garantiert? In: Frankfurter Allgemeine Zeitung, Nr. 44, 21. Februar 1987, S. 11. Zeidler verunglückte unmittelbar nach Ablauf seiner Amtszeit bei einer Bergwanderung im Januar 1988 tödlich.

Der von ihm zitierte »Starjournalist« Peter Scholl-Latour kann als ein weiteres prominentes Beispiel und exponierter Vertreter einer eurozentrisch-paternalistischen Umgangsweise mit außereuropäischen Gesellschaften gelten. Dies verdeutlicht neben seiner Diffamierung des Islam u.a. sein afrikanischer Reportagenband »Mord am Großen Fluß«, dessen Inhalte von verdecktem bis offenem Rassismus nur so strotzen.

108 Abgedruckt in Georg Ress (Hg.), Verfassungsreform in Südafrika und Verfassungsgebung für Namibia/Südafrika. Heidelberg: Springer 1986, S. 197.

109 Ingrid Haller, Vom Nutzen retrograder Utopien – Notizen zum Blick des Fremden auf die »Entwickelten«. In: Siegfried Pater/Suleman Taufig (Hg.), Zu Gast bei den »Entwickelten«. Dortmund: pad 1986, S. 133-137 (hier S. 137).

110 Annita Kalpaka/Nora Räthzel (Hg.), a. a. O., S. 9.

111 Franz Hohler, Tschipo. Frankfurt/Main: Fischer 1981 (2. Aufl. 1986).

112 Vgl. hierzu ausführlich meinen Beitrag »Das Afrikabild in bundesdeutschen Schulbüchern« im Rahmen der Tagung »Wege aus dem kolonialen Denken« vom 31.1.-2.2.1986 in der Evangelischen Akademie Bad Boll, abgedruckt im Protokolldienst Nr. 25/86, S. 18-47.

113 Terra, Geographie 5. und 6. Schuljahr. Ausgabe B.. Herausgegeben von Arnold Schulze. Stuttgart: Klett 1985, S. 93.

114 Terra, Geographie 7. und 8. Schuljahr. Ausgabe B. Herausgegeben von Arnold Schulze. Stuttgart: Klett 1985, S. 238.

115 Ebenda, S. 244 f.

116 Horst-Eberhard Richter, Vorwort zu: Albert Schweitzer, Zwischen Wasser und Urwald. Erlebnisse und Beobachtungen im Urwalde Äquatorialafrikas. München: dtv 1990, S. 7-11 (hier: S. 8 und 9).

117 Ebenda, S. 9.

118 Albert Schweitzer, a.a.0., S. 137.

119 Frankfurter Rundschau, 29. Oktober 1990.

120 Al Imfeld, Albert Schweitzer. Richter und Neudeck auf der Suche nach Vorbildern. In: epd-Entwicklungspolitik, Nr. 22, November 1990, S. 14-15.

121 Vgl. insbesondere Traugott Schöfthaler/Dietrich Goldschmidt (Hg.), Soziale Struktur und Vernunft. Jean Piagets Modell entwickelten Denkens in der Diskussion kulturvergleichender Forschung. Frankfurt/Main: Suhrkamp 1984.

122 Rupert Neudeck, Gefühlsverwirrungen. Erwiderung auf Al Imfeld. In: epd-Entwicklungspolitik, Nr. 22, November 1990, S. 16-17.

123 Reimer Gronemeyer/Claus Leggewie, Rituale europäischer Selbstkasteiung. In: Blätter für deutsche und internationale Politik, 37(1992)1, S. 78-85 (hier S. 85 und 78). Der Slogan »Zur Dominanz verurteilt« basiert im übrigen auf Positionen in dem Essay von Karl Otto Hondrich, Lehrmeister Krieg. Reinbek: Rowohlt 1992. Vgl. hierzu die ausführliche inhaltliche Auseinandersetzung von Karl D. Bredthauer, Akzeptanz von Dominanz. Karl Otto Hondrichs Essay »Lehrmeister Krieg«. In: Blätter für deutsche und internationale Politik, 37(1992)3, S. 366-376.

124 Vgl. ausführlicher zur Genese und Kontinuität dieses Arguments Henning Melber, Am deutschen Wesen... Kontinuitäten kolonialen Denkens am Beispiel des

deutsch-afrikanischen Verhältnisses. In: Institut für Migrations- und Rassismusforschung e.V. (Hg.), Rassismus und Migration in Europa. Hamburg und Berlin: Argument 1992 (Argument-Sonderband; AS 195), i.E. Übrigens tun sich mittlerweile jene herrschenden Kreise oft schwer damit, noch – wie bei Gronemeyer/Leggewie der Fall – von Hottentotten zu reden. Daß dies ein ganz und gar herabsetzend-diskriminierender Ausdruck der deutschen Kolonialsprache gegenüber den Nama war (der sich in Form der »Hottentottenwirtschaft« als hiesige Negativwertung lebendig gehalten hat), scheint demgegenüber in den aufgeschlossenen intellektuellen Kreisen Mittelhessens noch keinen Niederschlag im Sprachschatz gefunden zu haben.

125 Reimer Gronemeyer/Claus Leggewie, a.a.0., S. 78 und 79. Siehe als Erwiderung dazu auch die kritische Satire von Irmgard Pinn, »... die ganze Anti-Impi-Show enttarnt«. Ein Brief in Sachen Gronemeyer/Leggewie. In: Blätter für deutsche und internationale Politik, 37(1992)3. S. 362-365.

126 Reimer Gronemeyer, Adieu Entwicklungshilfe. Die Posthistoire kommt, der Kolonialismus bleibt. In: Dietmar Dirmoser/Reimer Gronemeyer/Georgia Rakelmann (Hg.), Mythos Entwicklungshilfe. Entwicklungsruinen: Analysen und Dossiers zu einem Irrweg. Gießen: Focus 1991 (ökozid extra), S. 28-36.

127 Reimer Gronemeyer (Hg.), Der faule Neger. Vom weißen Kreuzzug gegen den schwarzen Müßiggang. Reinbek: Rowohlt 1991, S. 11.

128 Reimer Gronemeyer/Claus Leggewie, a.a.0., S. 85.

129 Dieter Maffay, Welche Solidarität? In: links, 24. Jg., Nr. 260, Januar 1992, S. 24.

130 Vgl. zu Claus Leggewies »Spielregeln« einer multikulturellen Gesellschaft die kritischen Anmerkungen im Kapitel: Mythos multikulturelle Gesellschaft.

131 Annita Kalpaka/Nora Räthzel (Hg.), a.a.0., S. 9.

132 Immanuel Wallerstein, Krise als Übergang. In: Samir Amin/Giovanni Arrighi/Andre Gunder Frank/Immanuel Wallerstein, Dynamik der globalen Krise. Opladen: Westdeutscher Verlag 1986, S. 4-33 (hier: S. 17).

133 Klaus Kreimeier, »In die schwarze Farbe der Nacht gehüllt...« Afrika und wir. In: Thomas Theye (Hg.), Wir und die Wilden. Einblicke in eine kannibalische Beziehung. Reinbek: Rowohlt 1985, S. 96-131 (hier: S. 111).

134 Vgl. hierzu jetzt auch Marie Lorbeer/Beate Wild (Hg.), Menschenfresser – Negerküsse. Das Bild vom Fremden im deutschen Alltag. Berlin: ElefantenPress 1991.

135 Helmut Fritz, Der eßbare Neger. Afrika in Büchern, Liedern und Alltagsmythen. In: Afrika den Afrikanern! Vorkoloniales Erbe und nachkoloniale Entwicklung. Frankfurt/Main u.a.: Ullstein 1980, S. 167-183 (hier: S. 170 und 179).

136 Brigitta Benzing, Wie aus den Söhnen Hams Menschen zweiter Klasse wurden. Aspekte des Afrika-Bildes. In: Manfred O. Hinz/Helgard Patemann/Arnim Meier (Hg.), Weiß auf Schwarz. 100 Jahre Einmischung in Afrika. Berlin: Elefanten Press 1984, S. 160-167 (hier: S. 166).

137 P.L. Breutz, Entwicklungsakkulturation im südlichen Afrika. In: Nation Europa, 34(1984)1, S. 43-51 (hier S. 50).

138 Ebenda.

139 Ebenda, S. 46, 47 und 51. Bei »Nation Europa« handelt es sich um eine Monatsschrift des rechtsradikalen Spektrums, die u.a. auch für ein »Hilfskomitee Südliches Afrika« wirbt (Motto: »Unsere Landsleute ... warten auf Ihre Hilfe!«).

140 Kurt Büttner, Die Philosophie der Eroberer. In: Ders./Heinrich Loth (Hg.), Philosophie der Eroberer und koloniale Wirklichkeit. Ostafrika 1884-1918. Berlin(DDR): Akademie 1981, S. 1-97 (hier: S. 77).

141 Heinz-Dietrich Ortlieb, Südafrika und die Weltmeinung – Ein Schlußwort. In: Ders./Arnt Spandau (Hg.), Südafrika – Revolution oder Evolution, Studien zur Lebenslage der Schwarzen. Hamburg: Weltarchiv 1977, S. 291-319 (hier: S. 294).

142 Pascal Bruckner, Das Schluchzen des weißen Mannes. Europa und die Dritte Welt – eine Polemik. Berlin: Rotbuch 1984, S. 134.

143 Roland Breton, Lob der Verschiedenheit. Die Ethnie: Volk und Volksgruppe in der Gesellschaft der Gegenwart. Wien: Braumüller 1983.

144 Olaf Otto Dillmann, Südafrika im Kräftespiel von Selbstbestimmung, Imperialismus und internationalen Wirtschaftsinteressen. In: Nation Europa, 34(1984)1, S. 5-15 (hier: S. 8f).

145 Vusamazulu Credo Mutwa, Indaba. Ein Medizinmann der Bantu erzählt die Geschichte seines Volkes. München: Dianus-Trikont 1983.

146 So Günther Mack in einer ausführlichen Besprechung in: Die Zeit, Nr. 35, 24. August 1984.

147 Informationsdienst Südliches Afrika, Nr. 4, Juni/Juli 1984, S. 30 f.

148 Informationsdienst Südliches Afrika, Nr. 6, September/Oktober 1984, S. 19 f.

149 Ebenda, S. 19; meine Hervorhebung.

150 Vgl. dazu u.a. Karl-Heinz Kohl, Entzauberter Blick. Das Bild vom Guten Wilden und die Erfahrung der Zivilisation. Berlin: Medusa 1981.

151 Aber auch neuere Beispiele, wie der völlig europäisch – um nicht zu sagen deutsch – denkende, fühlende und handelnde antikoloniale Führer Hendrik Witbooi im Roman eines populären Jugendbuchautors gehören dazu. Sie entstehen – wie im konkreten Fall – oft aus der vordergründigen pädagogisch-didaktischen Absicht heraus, identifizierbare Symbolfiguren zu schaffen. Vgl. Martin Selber, Hendrik Witbooi. Freiheitskampf in Südwestafrika. Reinbek: Rowohlt 1979 (urspr. Weimar 1974).

152 Zitiert aus Gerd Stein (Hg.), Die edlen Wilden. Die Verklärung von Indianern, Negern und Südseeinsulanern auf dem Hintergrund der kolonialen Greuel. Vom 16. bis zum 20. Jahrhundert. Frankfurt/Main: Fischer 1984, S. 182-188.

153 Die ganz im Kontrast hierzu stehende schreckliche Realität importierter Thai-Frauen zeigt u.a. Siriporn Skrobanek, Die transnationale Sexploitation von Thai-Frauen. In: Peripherie, 4. Jg., Nr. 13, Sommer 1983, S. 4-13. Vgl. hierzu auch den eindringlichen, auf intensiven Recherchen basierenden Roman von Klaus-Peter Wolf, Traumfrau. Hamburg: Galgenberg 1989 (auch München: Goldmann 1991).

154 Gerd Stein im Vorwort seiner Textsammlung, a.a.O., S. 11.

155 Ebenda, S. 10.

156 Wolfgang Brockpähler, »Im Innern dieses Molochs brennt ein Feuer«. Grenzüberschreitungen zwischen erster, zweiter und dritter Welt. Bielefeld: Übergrenzen 1983, S. 101f.

157 Ebenda, S. 102f.

158 So der gleichnamige Titel der einschlägigen Interview-Sammlung von Hans-Jürgen Heinrichs, Das Fremde verstehen. Gespräche über Alltag, Normalität und

Anormalität. Frankfurt/Main und Paris: Qumran 1982.

159 Als einer der sinnvollen Versuche kann dazu gelten: Karla Fohrbeck/Andreas Wiesand, Wir Eingeborenen. Magie und Aufklärung im Kulturvergleich. Reinbek: Rowohlt 1983.

160 Karl-Heinz Kohl, Abwehr und Verlangen, a. a. O. S. 139; Herv. i.0.

161 Urs Bitterli, Die »Wilden« und die »Zivilisierten«. Grundzüge einer Geistes- und Kulturgeschichte der europäisch-überseeischen Begegnung. München: Beck 1982 (Neuauflage 1991), S. 439.

162 Zitiert aus den Ergebnissen einer Analyse von Wolfgang Gessenharter, der die Parteiprogramme von DVU, NPD und der »Republikaner« untersuchte. Vgl. hierzu: Nicht das Individuum, sondern das Überleben des Kollektivs zählt. In: Frankfurter Rundschau (Dokumentation), Nr. 237 vom 12. Oktober 1991 (Vorabdruck aus: Sozialwissenschaftliche Informationen, Heft 3/1991).

163 Diese Äußerungen der beiden Politiker im Kabinett Biedenkopf werden in einem Artikel von Burkhard von Pappenheim (»Deutschland muß seine nationale Identität wahren«) in der Stuttgarter Zeitung vom 4. Oktober 1991 kritisch kommentiert wiedergegeben.

164 Vgl. zusammenfassend zum spezifischen deutschen Nationalismus als »erfundener Tradition« den Artikel von Reinhart Kößler im Themenschwerpunktheft der «blätter des iz3w», Nr. 178, Dezember/Januar 1991/92. Siehe auch als allgemeinverständliche und komprimierte Gesamtübersicht zum Wechselspiel von Nationalismus und Rassismus unter Berücksichtigung des deutschen Beispiels Manfred Budzinski/Karin Clemens, Rausland oder: Menschenrechte für alle. Göttingen: Lamuv 1991 (insb. S. 65 ff.).

165 Vgl. Julia Kristeva, a.a.0., S. 171 ff.; zu den «Adoptierten» gehörten prominente Engländer, Italiener, Belgier, Deutsche u.a., die allerdings sehr bald das Mißtrauen einer wachsenden Fremdenfeindlichkeit zu spüren bekamen, zu Geächteten wurden und ihr Ehren-Statut schon Ende 1793 wieder eingebüßt hatten.

166 Eric J. Hobsbawm, Nationen und Nationalismus. Mythos und Realität seit 1780. Frankfurt/Main: Campus 1991, S. 129. Die Sekundärliteratur zu jener Phase rassistischen Wahns hat mittlerweile beachtliche Dimensionen erreicht. Da auf diesen Aspekt im Zusammenhang dieses Bandes nicht ausführlicher eingegangen wird, sei hier ergänzend auf einige grundlegende Studien zur weiteren Lektüre verwiesen, die ansonsten unerwähnt blieben: Peter Emil Becker, Sozialdarwinismus, Rassismus, Antisemitismus und Völkischer Gedanke. Wege ins Dritte Reich (Teil II). Stuttgart: Thieme 1990; Michael D. Biddiss, Father of Racist Ideology. The Social and Political Thought of Count Gobineau. London: Weidenfeld & Nicolson 1970; Imanuel Geiss, Geschichte des Rassismus. Frankfurt/Main: Suhrkamp 1988 (darin: Gobineau und der Sozialdarwinismus, S. 167 ff.); Stephen Jay Gould, Der falsch vermessene Mensch. Frankfurt/Main: Suhrkamp 1988; Hansjoachim W. Koch, Der Sozialdarwinismus. Seine Genese und sein Einfluß auf das imperialistische Denken. München: Beck 1973; Gunter Mann (Hg.), Biologismus im 19. Jahrhundert. Stuttgart: Enke 1973; Heinz-Georg Marten, Sozialbiologismus. Biologische Grundpositionen der politischen Ideengeschichte. Frankfurt/Main: Campus 1983; George L. Mosse, Rassismus. Ein Krankheitssymptom in der europäischen Geschichte des 19. und 20. Jahrhunderts. Königstein i.T.: Athenäum 1978; Patrick von zur Mühlen, Rassenideolo-

gien. Geschichte und Hintergründe. Berlin und Bonn: Neue Gesellschaft 1977; Léon Poliakov, Der arische Mythos. Zu den Quellen von Rassismus und Nationalismus. Wien/München/Zürich: Europaverlag 1977 (darin u.a.: Gobineau und seine Zeitgenossen, S. 245 ff.); ders./Christian Delacampagne/Patrick Girard, Über den Rassismus. Sechzehn Kapitel zur Anatomie, Geschichte und Deutung des Rassenwahns. Stuttgart: Klett-Cotta 1979 (insb. S. 91 ff.); E.J. Young, Gobineau und der Rassismus. Eine Kritik der anthropologischen Geschichtstheorie. Meisenheim: Hain 1968. Über die Versuche zur Reaktivierung solchen Gedankenguts eines rassistischen Biologismus informiert insb. Michael Billig, Die rassistische Internationale. Zur Renaissance der Rassenlehre in der modernen Psychologie. Frankfurt/Main: Neue Kritik 1981.

167 Rainer Bauböck, Nationalismus versus Demokratie. In: Österreichische Zeitschrift für Politikwissenschaft, Nr. 1/1991, S. 73-90 (hier: S. 80).

168 Einen informativen Überblick bietet hierzu Bernhard Perchinig, »Der Fremde und der Nationalstaat«. In: Journal für Entwicklungspolitik, 7(1991)2, S. 3-14.

169 Eric J. Hobsbawm, a.a.0., S. 115.

170 Etienne Balibar, Rassismus und Politik in Europa. In: Widerspruch, 11. Jg., Nr. 21, Juni 1991, S. 11-19 (hier: S. 13, 15 und 16).

171 Michaela von Freyhold, Überlegungen zur rassistischen Mobilisierung im wiedervereinigten Deutschland und zu möglichen Gegenstrategien. In: Kommune, 10(1992)1, S. 47-56 (hier: S. 51 und 53).

172 Diese Begrifflichkeiten verweisen auf bereits näher vorgestellte Diskussionsstränge, wie sie u.a. besonders an den Arbeiten von Michel Foucault zur »Disziplinargesellschaft« und von Norbert Elias über den »Prozeß der Zivilisation« dargestellt wurden. Die Trennung von äußerer und innerer Natur des Menschen und deren Unterwerfung wurde besonders durch die Vertreter der Kritischen Theorie (insb. Max Horkheimer, Theodor W. Adorno und Herbert Marcuse) betont. Interessante Details der Selbstdisziplinierung von Menschen behandeln anhand des Wandels vom Leib zum Körper auch die Studien des Sozialphilosophen Rudolf zur Lippe.

173 Jost Müller, Rassismus und die Fallstricke des gewöhnlichen Antirassismus. Diskurse, Formationen und Funktionen des Rassismus in Ökonomie und Politik. In: Widerspruch, 11. Jg., Nr. 21, Juni 1991, S. 59-75 (hier: S. 60 und 69).

174 Benedict Anderson, a. a. O., S. 150 (Herv. i.0.).

175 Philip Cohen, Gefährliche Erbschaften: Studien zur Entstehung einer multirassischen Kultur in Großbritannien. In: Annita Kalpaka/Nora Räthzel (Hg.), a. a. O., S. 81-144 (hier: S. 85).

176 Vgl. zur aktuellen Relevanz dieser Debatte insbesondere die fast ausnahmslos weiterführenden, theoretisch anspruchsvollen Beiträge in: Uli Bielefeld (Hg.), Das Eigene und das Fremde. Neuer Rassismus in der Alten Welt? Hamburg: Junius 1991. Ein Großteil der darin versammelten Analysen wurde anläßlich eines Workshops im September 1990 am Hamburger Institut für Sozialforschung vorgetragen, dem sich ein Kongreß des Instituts für Migrations- und Rassismusforschung anschloß. Vgl. hierzu: Institut für Migrations- und Rassismusforschung e.V. (Hg.), Rassismus und Migration in Europa. Hamburg und Berlin: Argument 1992 (Argument-Sonderband; AS 195).

177 Klaus F. Geiger, Gesellschaft ohne Ausländerfeinde oder multikulturelle Gesell-

schaft. In: Theorien über Rassismus, a.a.0., S. 135-157 (hier: S. 150).

178 Vgl. Stefan Ulbrich (Hg.), Multikultopia. Gedanken zur multikulturellen Gesellschaft. Vilsbiburg: Arun 1991. Dieser Versuch findet bisher innerhalb des rechten Lagers höchst zwiespältige Resonanz, wie aufgrund des eingangs des Kapitels knapp skizzierten Kollektivgedankens im Ausschließlichkeitssinne auch zu vermuten ist. Vgl. zu weiteren Denkmodellen innerhalb der Rechten auch Hans-Gerd Jaschke, Nationalismus und Ethnopluralismus. Zum Wiederaufleben von Ideen der »Konservativen Revolution«. In: Aus Politik und Zeitgeschichte, B 3-4/92, 10. Januar 1992, S. 3-10.

179 Peter Wehling, Multikulti von rechts. Die Neue Rechte entdeckt die Vorzüge der »multikulturellen Gesellschaft«. In: Kommune, 10(1992)1, S. 68-69 (hier: S. 69).

180 Micha Brumlik, Ratlos vor den Fremden? Zum Ethnozentrismus und Kulturrelativismus. In: Wiltrud Gieseke/Erhard Meueler/Ekkehard Nuissl (Hg.), Ethische Prinzipien der Erwachsenenbildung. Verantwortlich für was und vor wem? Kassel 1991 (Aus der Arbeit der Kommission Erwachsenenbildung der Deutschen Gesellschaft für Erziehungswissenschaft 1990), S. 170-192 (hier: S. 181).

181 Alle Zitate aus: Claus Leggewie, Multikulti. Spielregeln für die Vielvölkerrepublik. Berlin: Rotbuch 1990, S. 11, 15 und 35.

182 So der Rezensent Gerd Riepe in: Vehement Literatur, Nr. 6, November 1991, S. 21.

183 Dieter Lenzen, Multikulturalität als Monokultur. In: Ortfried Schäffter (Hg.), Das Fremde. Erfahrungsmöglichkeiten zwischen Faszination und Bedrohung. Opladen: Westdeutscher Verlag 1991, S. 147-157 (hier: S. 156 und 154).

184 Frank-Olaf Radtke, Lob der Gleich-Gültigkeit. Zur Konstruktion des Fremden im Diskurs des Multikulturalismus. In: Uli Bielefeld (Hg.), a.a.0., S. 79-96 (hier: S. 93; vgl. dort auch Hinweise auf weitere einschlägige Arbeiten des Verfassers).

185 Wieland Elfferding, Aggressive Toleranz und der Rassismus von Benetton. In: Widerspruch, 11. Jg., Nr. 21, Juni 1991, S. 20-29 (hier: S. 28f.).

186 Rudolf zur Lippe, Freiheit die wir meinen. Reinbek: Rowohlt 1991, S. 163.

187 Lutz Hoffmann, Das »Volk« – Zur ideologischen Struktur eines unvermeidbaren Begriffs. In: Zeitschrift für Soziologie, 20(1991)3, S. 191-208 (hier: S. 204).

188 Ebenda, S. 205.

189 Ebenda, S. 206.

190 Vorwort zu Frantz Fanon, Die Verdammten dieser Erde. Reinbek: Rowohlt 1969, S. 7-25 (hier: S. 22).

191 Ute Knight/Wolfgang Kowalsky, Ausländerfreunde Inländerfeinde. In: Blätter für deutsche und internationale Politik, 36(1991)12, S. 1425-1428 (hier: S. 1426).

192 Ute Osterkamp, Alternativen zum hilflosen Antirassismus. In: Ebenda, S. 1459-1469 (hier: S. 1465).

193 Thomas Mann, J'accuse. Wider die Selbstgerechtigkeit der besseren Welt. In: Ebenda, S. 1435-1445 (hier: S. 1444).

194 So der gleichnamige deutsche Titel der »imagined communities« von Benedict Anderson, a.a.0. Vgl. auch das vorherige Kapitel.

195 Vgl. hierzu ausführlicher die Schlußkapitel.

196 Annita Kalpaka/Nora Räthzel (Hg.), a.a.0., S. 59 und 60.

197 Ebenda, S. 41. Mit der Problematik, die sich m.E. hierbei durch die tendenzielle Gleichsetzung von Ethnozentrismus mit Rassismus ergibt, befaßt sich das einleitende Kapitel.

198 Ernest Gellner, Nationalismus und Moderne. Berlin: Rotbuch 1991, S. 178 und 177f. (Herv. i.0.).

199 Vgl. etwa Klaus Vieweg, »Es ist undeutsch, bloß deutsch zu sein.« Zur Aktualität des universalistischen Denkens bei Hegel; Micha Brumlik, Nation und Weltinnenpolitik. Beides in: Petra Braitling/Walter Reese-Schäfer (Hg.), a. a. O., S. 55-70 bzw. 22-38.

200 Vgl. hierzu die entsprechenden Einlassungen in den Kapiteln 200 Jahre... und Welt*un*ordnung...

201 Micha Brumlik, Die Entwicklung der Begriffe »Rasse« und »Ethnizität« im sozialwissenschaftlichen Diskurs. In: Eckhard J. Dittrich/Frank-Olaf Radtke (Hg.), Ethnizität. Wissenschaft und Minderheiten. Opladen: Westdeutscher Verlag 1990, S. 179-190 (hier: S. 180).

202 Rolf Knieper, Nationale Souveränität. Versuch über Ende und Anfang einer Weltordnung. Frankfurt/Main: Fischer 1991, S. 37.

203 Marianne Gronemeyer, Das Leben als letzte Gelegenheit. In: Neue Sammlung, 31(1991)2, S. 159-167 (hier: S. 166).

204 Vgl. hierzu die Ausführungen und Hinweise in Kapitel 200 Jahre...

205 Rolf Knieper, a.a.0., S. 34.

206 Vgl. hierzu u.a. Gerhard Hauck/Reinhart Kößler/Henning Melber, Macht, Markt und Menschenrechte. In: Widerspruch, Nr. 22, 11. Jg., Dezember 1991, S. 23-40 sowie das folgende Kapitel.

207 Jean-Paul Sartre, a.a.0., S. 21.

208 Odo Marquard, Lob des Polytheismus. Über Monomythie und Polymythie. In: Ders., Abschied vom Prinzipiellen. Philosophische Studien. Stuttgart: Reclam 1991, S. 91-116 (hier: S. 110).

209 Ebenda, S. 99.

210 Friedrich H. Tenbruck, Die kulturellen Grundlagen der Gesellschaft. Der Fall der Moderne. Opladen: Westdeutscher Verlag 1989, S. 116. Vgl. zum Gegensatzpaar »Ordnung versus Chaos« als Leitprinzip der Moderne auch Zygmunt Baumann, Moderne und Ambivalenz. In: Uli Bielefeld (Hg.), a.a.0., S. 23-49.

211 Friedrich H. Tenbruck, a.a.0., S. 121 f. Auch hier läßt sich wieder eine Verbindungslinie zwischen der Kritik an dem Fortschritt der Moderne aus wertkonservativer Sicht mit der eher »linken« Kritik am bürgerlichen Machbarkeitsmythos schrankenloser Technologien ziehen. So wies der Staatsrechtler Ulrich K. Preuß unlängst in einem Aufsatz über die Wissenschaftsfreiheit auf den Verlust der normativen Eindeutigkeit von Menschenrechten angesichts moralischer Ambivalenz des Fortschritts hin. Der Verweis auf universelle Prinzipien zur Herstellung eines gesellschaftlichen Konsenses wird da hinfällig, wo wissenschaftlich-technischer Fortschritt deren Grundlagen erodiert. So z.B. im Bereich der Gentechnologie, deren Eingriffe in die genetische Struktur des Menschen sich unter Berufung auf die »naturgegebene« Würde des Menschen weder ablehnen noch rechtfertigen lassen, »denn«, so Preuß, »was ist

im Zeitalter der Gentechnik die Natur des Menschen?« Ulrich K. Preuß, Wenn die Gesellschaft selbst zum Versuchskaninchen wird. In: Frankfurter Rundschau (Dokumentation), Nr. 258, 6. November 1991 (Auszüge eines Beitrags in Bernd Guggenberger/Tine Stein (Hg.), Die Verfassungsdiskussion im Jahr der deutschen Einheit. München: Hanser 1991). Vgl. hierzu auch Heide Mertens, Wunschkinder. Natur, Vernunft und Politik. Münster: Westfälisches Dampfboot 1991.

212 Vgl. Klaus Naumann, Nähe und Distanz. Das schwierige Geschäft des Gesellschaftskritikers: Essays von Michael Walzer. In: Freitag, Nr. 18, 26. April 1991.

213 Zuletzt: Michael Walzer, Kritik und Gemeinsinn. Berlin: Rotbuch 1990; Zweifel und Einmischung. Frankfurt/Main: Fischer 1991.

214 Axel Honneth, Universalismus und kulturelle Differenz. Zu Michael Walzers Modell der Gesellschaftskritik. In: Merkur, 45 (1991)11, S. 1049-1054 (hier: S. 1054).

215 Pierre-André Taguieff, The New Cultural Racism in France. In: Telos, no. 83, spring 1990 (vol. 23), S. 109-122 (hier: S. 118f.).

216 Pierre-André Taguieff, La Force du préjugé. Paris: Edition la Découverte 1988.

217 Alain Policar, Racism and Its Mirror Images. In: Telos, no. 83, a.a.0., S. 99-108 (hier: S. 100). Dieser Aufsatz, der erheblich mehr ist als eine Rezension und sich durch die Vermittlung bemerkenswerter Erkenntnisse der französischen Debatte auszeichnet, erschien ursprünglich in: Les Temps Modernes, no. 507, Oktober 1988, S. 75-109.

218 Ebenda, S. 103. Vgl. auch Pierre-André Taguieff, Le Néo-Racisme différentialiste. In: Langage et société, no. 34, Dezember 1985, S. 69-98 (hier: S. 86).

219 Alain Policar, a.a.0., S. 105 und 108.

220 Etienne Balibar, Der Rassismus: auch noch ein Universalismus. In: Uli Bielefeld (Hg.), a.a.0., S. 175-188 (hier: S. 187). Vgl. auch bereits ders., Rassismus und Politik in Europa, a. a. O., S. 11-19 sowie ders., Rassismus und Nationalismus. In: Ders./Immanuel Wallerstein, Rasse Klasse Nation. Ambivalente Identitäten. Hamburg/Berlin: Argument 1990, S. 49-84 (insb. S. 69ff.).

221 Pierre-André Taguieff, Die ideologischen Metamorphosen des Rassismus und die Krise des Antirassismus. In: Uli Bielefeld (Hg.) a.a.0., S. 221-268 (hier: S. 256; Herv. i. 0.).

222 Ebenda, S. 257; Herv. i.0.

223 Ebenda, S. 258; Herv. i.0.

224 Vgl. zu dieser Schwierigkeit u.a. auch Reinhart Kößler/Henning Melber, Universelle Werte und internationale Zivilgesellschaft. Brüchigkeit und Begründbarkeit internationaler Solidarität. In: Peripherie, Nr. 39/40, Dezember 1990, S. 82-99.

225 Thomas Mann, a.a.0., S. 1443.

226 Robert Spaemann, a.a.0., S. 90.

227 Vgl. hierzu Julia Kristeva, a.a.0., S. 142 und 145.

228 Marcel Gauchet, Die Erklärung der Menschenrechte. Die Debatte um die bürgerlichen Freiheiten 1789. Reinbek: Rowohlt 1991; hier: S. 65, 68 und 201. Die Erklärung selbst findet sich dort in vollständigem deutschen Wortlaut widergegeben (S. 9-13).

229 Heide Gerstenberger, »Bürgerlicher Staat« – Thesen zu einem fast schon ver-

gessenen Konzept. In: Leviathan, 19 (1991) 3, S. 452-471; hier: S. 469. Vgl. ausführlicher auch dies., Die subjektlose Gewalt. Theorie der Entstehung bürgerlicher Staatsgewalt. Münster: Westfälisches Dampfboot 1991. Speziell zum Thema auch dies., Strukturen jauchzen nicht. Über die Bewegungsformen der Französischen Revolution. In: Prokla, 19. Jg., Nr. 75, 1989, S. 132-157.

230 So z. B. in der kolonialen Situation unter europäischer Fremdherrschaft u.a. begründet im »Doppelcharakter« formaler Bildung. Die vom Kolonialismus etablierten Instanzen einer Wissensvermittlung wirkten zwar domestizierend, produzierten aber zugleich mit der »educated elite« eine intellektuelle Minderheit, aus der sich keinesfalls nur Kollaborateure, sondern ebenso sehr Führungskader der organisierten antikolonialen Bewegung rekrutierten. Diese wendeten die ihnen dargebotene bürgerlich-demokratische Gleichheitsideologie, gestützt auf die kolonisierte Bevölkerungsmehrheit, gegen die Kolonialherren zum eigenen partikularen Vorteil einer formalen Machterringung und -ausübung mit Hilfe der ererbten Mittel.

231 Immanuel Kant's physische Geographie, a. a. O., S. 15 und 18. Vgl. zur Herausbildung der hier präsentierten Weltsicht und deren eurozentrisch-rassistischer Langzeitwirkung ausführlicher die Kapitel: 500 Jahre... und 200 Jahre...

232 Georg Wilhelm Friedrich Hegel, Studienausgabe in 3 Bänden. Ausgewählt, eingeleitet und mit Anmerkungen versehen von Karl Löwith und Manfred Riedel. Band II. Grundlinien der Philosophie des Rechts oder Naturrecht und Staatswissenschaft im Grundrisse. Frankfurt/Main: Fischer 1968; S. 317f.

233 So jedenfalls von der Europäischen Verlagsanstalt in ihrem Katalog 1991/92, wo der Titel »Über Freiheit« in Neuausgabe angekündigt wird.

234 John Stuart Mill, »A few words on non-intervention«. In: Dissertations and Discussions: Political, Philosophical, and Historical. Boston: William Spencer 1864-67, vol. 3, S. 251. Zitiert bei: Robert W. Tucker, The Inequality of Nations. London: Martin Robertson 1977, S. 9.

235 Vgl. detaillierter dazu Matthias Röhrig Assunção/Juliana Ströbele-Gregor, a.a.0.

236 François Rigaux, Reflexionen über eine neue Weltordnung. In: Prokla, 21. Jg., Nr. 84, 1991, S. 384-399; (hier: S. 388 und 398f.).

237 Elmar Altvater, Mit Kritik-Verzicht überwindet die Linke ihre Krise nicht. In: Frankfurter Rundschau, 30. Januar 1992.

238 Daran ändert auch nichts der mittlerweile recht beeindruckende Umfang einschlägiger, völkerrechtlich relevanter Grundsatzdokumente, die bis zur KSZE-Erklärung vom 21. November 1990 (»Charta von Paris über ein neues Europa«) gesammelt vorliegen. Siehe hierzu: Menschenrechte – Dokumente und Deklarationen. Bonn: Bundeszentrale für politische Bildung 1991.

239 Das Dokument des Moskauer Treffens über die Menschliche Dimension der KSZE vom 3. Oktober 1991 ist nach dem Bulletin des Presse- und Informationsamtes der Bundesregierung in deutscher Fassung abgedruckt in: Europa-Archiv, 46. Jg., Folge 23, 10. Dezember 1991, S. D579-593 (hier: S. D580).

240 Elmar Altvater, a.a.0.

241 Editorial. In: Dialektik – Beiträge zu Philosophie und Wissenschaften. Band 13: Die Rechte der Menschen. Köln: Pahl-Rugenstein 1987, S. 9-13 (hier: S. 10 f. und 12 f.). Der Band versammelt mehrere lesenswerte Beiträge zu dieser Fragestellung.

242 Jean-Paul Sartre, Ein Sieg. Über »Die Folter« von Henri Alleg (6. März 1958). In: Ders., Wir sind alle Mörder. Der Kolonialismus ist ein System. Artikel, Reden, Interviews, 1947-1967. Hg. von T. König. Reinbek: Rowohlt 1988, S. 49-61 (hier: S. 49).

243 Peter Weiss, Rapporte 2. Frankfurt/Main: Suhrkamp 1971 (2. Aufl. 1980), S. 61.

244 Eva Demski, Pirouetten und Purzelbäume oder Wie der Krieg von weitem ausschaut. In: Kommune, 9(1991)3, S. 20-23 (hier: S. 22).

245 Thea Bauriedl, Die Wiederkehr des Verdrängten. Psychoanalyse, Politik und der einzelne. München und Zürich: Piper 1986, S. 21.

246 Ulrike C. Wasmuht, Wider den westlichen Fundamentalismus. Über den Zusammenhang von Krieg, Bellizismus und dualistischem Denken. In: Blätter für deutsche und internationale Politik, 36(1991)4, S. 438-448 (hier: S. 442).

247 Vgl. Georg Lakoff, Clausewitz und das Märchen vom Gerechten Krieg. Über das Metaphernsystem der Kriegsrechtfertigung. In: Forum Wissenschaft, 8 (1991)1, S. 13-16.

248 Kriegshetze Friedenshetze. In: Die Zeit, Nr. 6, 1. Februar 1991, S. 59-60.

249 Hitlers Wiedergänger. In: Der Spiegel, 45. Jg., Nr. 6, 4. Februar 1991, S. 26-28. Vgl. hierzu auch die Erwiderungen von Sefik Alp Bahadir und Werner Raith in der taz vom 15. Februar 1991, S. 12f.

250 Wolfgang Fritz Haug, Mutiert der Krieg die politische Kultur? Zu Biermanns und Enzensbergers Kriegsbejahung. In: Das Argument, Nr. 186, März/April 1991, S. 193-195 (hier: S. 195).

251 Ebenda.

252 Vgl. Reinhart Kößler, Verantwortungsethik: Klarstellungen aus Anlaß des zweiten Golfkriegs. In: Peripherie, 11. Jg., Nr. 42, August 1991, S. 7-17.

253 Bankrott der Linken? In: Konkret, Nr. 5/1991, S. 10-17 (hier: S. 12).

254 Elmar Altvater, Ressourcenkrieg am Golf? Das Öl und die neue moralische Weltordnung. In: Prokla, 21. Jg., Nr. 82, 1991, S. 157-168 (hier: S. 168). Vgl. ergänzend auch ders., Eine »zivile« Festung, abgeschottet gegen den Rest der Welt. FR-Dokumentation, Frankfurter Rundschau, Nr. 151, 3. Juli 1991.

255 Peter Weiss, a.a.0., S. 86 und 89.

256 Otto K. Werckmeister, Zitadellenkultur. Die schöne Kunst des Untergangs in der Kultur der achtziger Jahre. München und Wien: Hanser 1989, S. 11; vgl. dort zu Peter Weiss und der »argumentativen Kultur« auch S. 14ff.

257 Arthur Heinrich, Mutmaßungen über die Neue Weltordnung. In: Blätter für deutsche und internationale Politik, 36(1991)5, S. 547-560 (hier: S. 551; Herv. i.0.).

258 Ebenda, S. 557.

259 Ebenda, S. 558.

260 Ebenda, S. 560.

261 Bernd Ulrich, Der Krieg als Erektion der Moderne. In: Kommune, 9(1991)3, S.24.

262 Wilhelm Pauli, Weltinnenpolitik nach Gutsherrenart. In: Ebenda, S. 43.

263 Alex Demirovic, Kein Blut für Gerechtigkeit. Präventive Kriegshandlung als weltstaatliche Gesinnungsjustiz. In: Ebenda, S. 39-40 (hier: S. 40).

264 György Konrad, Auf einem großangelegten Versuchsfeld. Frankfurter Rundschau (»Im Wortlaut«), Nr. 99, 29. April 1991.

265 Richard Wagner, Für eine Linke ohne Sozialismus. In: Kursbuch, Nr. 104, Juni 1991, S. 55-69.

266 Noch radikaler in der Ablehnung argumentiert Ludi Lodovico, Nachruf auf ein Phantom. Vom Anfang und Ende der sogenannten »Zivilgesellschaft«. In: links, 23. Jg., Nr. 251, April 1991, S. 39-41; vgl. an kritischer Rezeption auch Hauke Brunkhorst, Demokratische Frage und volonté générale. In: links, 23. Jg., Nr. 252, Mai 1991, S. 55-57.

267 Zwei Beispiele aus »Zeit und Bild«, der Wochenendbeilage der Frankfurter Rundschau, belegen in der Ausgabe vom 1. Juni 1991 die erkennbare Tendenz zur eil- und leichtfertigen Abkanzelei der gesamten Diskussion. So wirft Michael Buselmeier eingangs seiner »Zeitschriften-Rundschau« der deutschen Linken nach Wiedervereinigung und Golfkrieg das politische und intellektuelle Abdanken vor: »Führende Genossen von einst jonglieren mit dem neuen Fetisch-Begriff der zivilen Gesellschaft, entdecken dabei ihre Liebe zum Völkerrecht und zur bewaffneten Durchsetzung desselben.« Und Norbert Seitz konstatiert eingangs einer Rezension des Berlin-Essays von Thomas Schmid, daß dieser schon für die civil society eingetreten sei, »als heutige Theoriegänger die Zivilität noch großartig verfehlten. Zivilgesellschaft ist mittlerweile zum intellektuellen Rettungsanker vieler Alt-Linker vor dem Eingeständnis der historischen Blamage geworden.« Beides ist wohl zu einfach und zeugt von selektiver Wahrnehmung der Diskussion.

268 Georg Fülberth, Zivilgesellschaft als Nationalreligion. In: Konkret, Nr. 5/1991, S. 46-51 (hier: S. 48).

269 Ebenda, S. 49.

270 Ebenda, S. 50.

271 Ebenda, S. 51. Wer sich mit der Lektüre eines Artikels in »Konkret« schwer tut, kann Fülberths Aufsatz auch in einem Diskussionsteil zu diesem Themenkomplex (S. 137-178) in Heft Nr. 21 (Schwerpunkt »Neuer Rassismus«) der Schweizer Zeitschrift »Widerspruch« (11. Jg., Juni 1991) nachlesen.

272 Vgl. Eike Hennig, Vom Ende der Zivilgesellschaft. Gibt es einen modernen Diskurs über die Nation? In: links, 23. Jg., Nr. 249, Februar 1991, S. 35-36.

273 Schon Nicos Poulantzas hatte darauf explizit wenn auch fragmentarisch hingewiesen, indem er den eingeschriebenen Raum- und Zeitmatrizes von Territorium und Tradition/Historizität des kapitalistischen Nationalstaats eine neue Qualität zuschrieb. Vgl. Nicos Poulantzas, Staatstheorie. Hamburg: VSA 1978, S. 85-113.

274 Gerd Held, Der lange Weg zum realen Weltmarkt. In: Kommune, 9(1991)4, S. 51-54 (hier: S. 52).

275 Vgl. hierzu Reinhart Kößler/Henning Melber, Nationale und internationale Zivilgesellschaft. Perspektiven für die »Dritte Welt«. Vorgelegt zur Konferenz »Antonio Gramsci und die Theorie der Zivilgesellschaft«. Berlin, 23./24. März 1991 (erscheint im Argument-Sonderband 189, »Gramscis Gefängnishefte lesen«, hg. von W.F. Haug und Peter I. Jehle, Frühjahr 1992). Ausführlicher auch dies., Chancen internationaler Zivilgesellschaft. Frankfurt/Main: Suhrkamp 1992 (i. V.).

276 Siehe z.B. Rolf Hofmeier, Politische Konditionierung von Entwicklungshilfe in

Afrika: Neue Formen der Einmischung oder legitime Unterstützung von Demokratiebestrebungen? In: afrika spectrum, 25(1990)2, S. 167-177 und Robert Kappel, Demokratie ist unteilbar: die Verleumdung der zivilen Gesellschaft in Afrika. Überlegungen zu politischen Konditionen (Demokratie, Menschenrechte) für ökonomische Hilfe. In: Forum entwicklungspolitischer Aktionsgruppen, Nr. 149, Dezember 1990/Januar 1991, S. 6-9; vgl. allgemeiner zu der Problematik einer solchen »Gratwanderung«: Reinhart Kößler/Henning Melber, Universelle Werte und internationale Zivilgesellschaft, a.a.O.

277 Gero Erdmann, Demokratisierung in Afrika. Aussichten und Bedingungen. In: Blätter für deutsche und internationale Politik, 36(1991)1, S. 51-59 (hier: S. 51) unter Bezugnahme auf Reinhart Kößler/Henning Melber, Afrika vor der demokratischen Frage. In: Blätter für deutsche und internationale Politik, 35(1990)9. S. 1052-1059.

278 Ulrich Menzel, Das Ende der »Dritten Welt« und das Scheitern der großen Theorie. Zur Soziologie einer Disziplin in auch selbstkritischer Absicht. In: Politische Vierteljahresschrift, 32(1991)1, S. 4-33 (hier: S. 30).

279 Ingomar Hauchler in seiner so überschriebenen Replik in: Frankfurter Rundschau, Nr. 140, 20. Juni 1991.

280 Ulrich Menzel, Die Hilfe hilft nicht, Treuhandschaft wäre ein Weg. In: Frankfurter Rundschau (FR-Debatte Entwicklungspolitik), Nr. 125, 3. Juni 1990.

281 Ingomar Hauchler, a.a.0. Hauchler ist entwicklungspolitischer Sprecher der SPD-Bundestagsfraktion. Menzel liefert dabei auch dem entwicklungspolitischen Establishment vom Schlage des BMZ-Ministers Spranger Argumentationshilfe beim Abschreibungsprojekt Dritte Welt. Denn: »Im reichen Zentrum der Weltgesellschaft verzichtet man inzwischen auf die Formulierung entwicklungspolitischer Strategien, sogar mit dem Hinweis, auf diese Weise den armen Ländern besser zu dienen.« Gilbert Ziebura, Der Golfkrieg oder die Mißgeburt der »neuen Weltordnung«. In: Leviathan, 19(1991)2, S. 159-165 (hier: S. 164).

282 Peter Weiss, a.a.0., S. 44.

283 Arno Klönne/Klaus Vack, Härtere Zeiten – »geschiedene Leute«. In: links, 23. Jg., Nr. 251, April 1991, S. 13-14 (hier: S. 13).

284 Joachim Hirsch, Ein kläglicher Abschied. Nach dem Ende der Linken. In: Ebenda, S. 34-37 (hier: S. 36).

285 Ebenda, S. 37.

286 Wolf-Dieter-Narr, Flüchtlinge, Asylsuchende, die Bundesrepublik und wir. Sensbachtal: Komitee für Grundrechte und Demokratie 1991, S. 5 (zitiert nach einem Vortragsmanuskript von Ingrid Haller über die »Festung Europa« anläßlich eines Forschungskolloquiums im Juni 1991 an der Gesamthochschule Kassel).

287 Claus Leggewie, Solidarität – Warum sie nicht funktioniert und trotzdem klappt. In: Kursbuch, Nr. 104, Juni 1991, S. 67-76 (hier: S. 70 und 71). Ein Verdrängungsmechanismus, der im übrigen auch unter den »AusländerfreundInnen« in ihrer z.T. doch erheblich paternalistischen Interaktion mit den (vermeintlich oder real) »Fremden« hierzulande grassiert. Vgl. hierzu insbesondere Annita Kalpaka/Nora Räthzel (Hg.), a.a.0.

288 Claus Leggewie, a.a.0., S. 71.

289 Gilbert Ziebura, a.a.0., S. 165.

290 Ebenda, S. 164.

291 Erich Fried, Anmerkungen zu Verhaltensmustern. In: Paul A. Baran/Erich Fried/Gaston Salvadore, Intellektuelle und Sozialismus. Berlin: Wagenbach 1968 (Rotbuch 2), S. 25-87 (hier: S. 29).

292 Vgl. Werner Balsen/Karl Rössel, Hoch die internationale Solidarität. Zur Geschichte der Dritte Welt-Bewegung in der Bundesrepublik. Köln: Kölner Volksblatt-Verlag 1986.

293 Siehe hierzu u.a. Henning Melber, Befreiungsbewegungen an der Macht. Staatlich-politische Herrschaft in der Dritten Welt. In: Uwe Hirschfeld/Werner Rügemer (Hg.), Utopie und Zivilgesellschaft. Rekonstruktionen, Thesen und Informationen zu Antonio Gramsci. Berlin: ElefantenPress 1990, S. 179-188 und Reinhart Kößler/Tilman Schiel, Verstaatlichung nationaler Befreiungsbewegungen. In: Peripherie, 11. Jg., Nr. 41, März 1991, S. 50-70.

294 Gerd Grözinger, Vom Sozialismus zum Laborismus. In: Kursbuch, Nr. 99, März 1990, S. 185-188 (hier: S. 188 und 186).

295 Jean Ziegler, Der Sieg der Besiegten. Unterdrückung und kultureller Widerstand. Wuppertal: Hammer 1989, S. 41. Vgl. hierzu die pointierte Kritik in dem weiterführenden Essay von Rolf Eickelpasch, Die Rückkehr des edlen Wilden. Jean Zieglers Verabschiedung des Aufklärungsprojekts. In: Blätter für deutsche und internationale Politik, 35(1990)4, S. 495-503. Wesentliche darin verwendete Gedanken finden sich schon bei Robert Spaemann, Universalismus oder Eurozentrismus. In: Merkur, 42 (1988), S. 706-712.

296 Jean Ziegler, Gegen die Ordnung der Welt. Befreiungsbewegungen in Afrika und Lateinamerika. Wuppertal: Hammer 1985, S. 15.

297 Vgl. hierzu den Artikel von Claus Leggewie in der Frankfurter Rundschau vom 3. November 1984, dokumentiert in epd-Entwicklungspolitik, Nr. 22/1984.

298 Pascal Bruckner, a.a.0., S. 133.

299 Alain Finkielkraut, Die Niederlage des Denkens. Reinbek: Rowohlt 1989, S. 114. – Die notwendige Kritik sowohl an Bruckners wie auch Finkielkrauts zutiefst eurozentrischer Gesamttendenz kann hier nicht geleistet werden. Sie dienen an dieser Stelle lediglich als »Steinbrüche« für die Verwendung illustrativer Zitate.

300 Vgl. hierzu die im Rahmen ihrer zweijährigen Tätigkeit als Direktorin der UNESCO-Philosophie-Abteilung von 1966 bis 1968 erstellte und jetzt auch in dt. Übersetzung vorliegende umfangreiche Textsammlung von Jeanne Hersch, Das Recht, ein Mensch zu sein. Leseproben aus aller Welt zum Thema Freiheit und Menschenrechte. Basel: Helbing & Lichtenhahn 1990.

301 Alexander Hollerbach, Globale Perspektiven der Rechts- und Staatsentwicklung. In: Freiburger Universitätsblätter, 30. Jg., Heft 111, März 1991, S. 33-47 (hier: S. 38, 40, 45).

302 Jacques-Mariel Nzouankeu, The African Attitude to Democracy, In: International Social Science Journal, no. 128, May 1991, S. 373-385 (hier: S. 377 und 383; Übers. H. M.). Vgl. hierzu auch die einschlägigen Aufsätze und Dokumente zum Thema Menschenrechte in Afrika in der Europäische Grundrechte Zeitschrift, 17(1990) 13/14.

303 Ernest Mandel, Freiheitsrechte und Sozialismus. In: Jürgen Seifert/Heinz

Thörmer/Klaus Wettig (Hg.), Soziale oder sozialistische Demokratie? Beiträge zur Geschichte der Linken in der Bundesrepublik. Marburg: SP-Verlag 1989, S. 235-241 (hier: S. 238 und 240).

304 David Simo, a.a.0., S. 62.

305 Bericht AG IV. In: Ebenda, S. 195.

306 Karl Marx, Zur Kritik der Hegelschen Rechtsphilosophie. In: MEW, Band 1. Berlin: Dietz 1972 (8. Aufl.), S. 378-391 (hier: S. 385).

307 Traugott Schöfthaler, Kultur in der Zwickmühle. Zur Aktualität des Streits zwischen kulturrelativistischer und universalistischer Sozialwissenschaft. In: Das Argument, 25. Jg., Nr. 139, Mai/Juni 1983, S. 333-347 (hier: S. 343 und 345). Vgl. zum Spannungsfeld beider Ansätze insbesondere innerhalb der US-amerikanischen »human anthropology« auch Alison Dundes Renteln, International Human Rights. Universalism Versus Relativism. Newbury Park/London/New Delhi: Sage 1990 (Frontiers of Anthropology, vol. 6).

308 Frederick Johnstone, Quebec, Apartheid, Lithuania and Tibet: The Politics of Group Rights. In: Telos, Nr. 85/1990, S. 56-62.

309 Etienne Balibar, Rassismus und Nationalismus, a. a. O., S. 63 (Herv. i. O.).

310 Leopoldo Marmora/Dirk Messner, Drei, zwei, eine Welt... Plädoyer für einen neuen Internationalismus. In: Blätter für deutsche und internationale Politik, 35(1990)1, S. 88-100 (hier: S. 98 f.). Für die Autoren spielt die »Frauenfrage« keine einer besonderen Erwähnung wert befundene Rolle. Vgl. deshalb hierzu Carola Donner-Reichle/Ludgera Klemp (Hg.), Frauenwort für Menschenrechte. Beiträge zur entwicklungspolitischen Diskussion. Saarbrücken: Breitenbach 1990.

311 Wolfgang Hein, Globale Vergesellschaftung, Nationalstaat und Formen internationaler Konfliktregelung. In: Peripherie, 11. Jg., Nr. 42, August 1991, S. 74-93 (hier: S. 85 f. und 87).

312 Michael Löwy, Fatherland or Mother Earth? Nationalism and Internationalism from a Socialist Perspective. In: Ralph Miliband/Leo Panitch/John Saville (Hg.), Socialist Register 1989. London: Merlin Press 1989, S. 212-227 (hier: S. 221).

313 Vgl. exemplarisch hierzu Udo Knapp, Politischer Druck und militärischer Nachdruck. Über die neue Weltfriedensverantwortung Deutschlands angesichts der Krise im Nahen Osten. In: die tageszeitung, 11. August 1990 (auch im taz-Golf-Journal, S. 55) sowie Ulrich Menzel, Die Hilfe hilft nicht, Treuhandschaft wäre ein Weg. In: Frankfurter Rundschau, 3. Juni 1991.

314 Ludi Lodovico, Katheder-Irrationalismus (I): Flottenprofessoren. In: links, 23. Jg., Nr. 254/255, Juli/August 1991, S. 13-14 (hier: S. 14).

315 Julien Benda, Der Verrat der Intellektuellen. Frankfurt/Main: Fischer 1988, S.118.

316 Friedrich Wilhelm Foerster, Manifest für den Frieden. Eine Auswahl aus seinen Schriften (1893-1933). Hg. von Bruno Hipler. Paderborn 1988, S. 156 ff. Zit. nach Bruno Hipler, Die Nationalismuskritik des Pädagogen Fr. W. Foerster. In: Zeitgeschichte, 18(1990/91) 5/6, S. 123-136 (hier: S. 132, 133 und 135). Um seiner Ermordung zu entgehen, mußte Foerster bereits im Juli 1922 aus Deutschland fliehen. Nach der Machtergreifung sprachen ihm die Nationalsozialisten die deutsche Staatsangehörigkeit ab, seine Bücher wurden verbrannt.

[317] Pepetela, Mayombe. Bonn: Informationsstelle Südliches Afrika 1985, S. 246.

[318] Pepetela, Der Hund und die Leute von Luanda. Bonn: Informationsstelle Südliches Afrika 1988.

[319] Pepetela, Mayombe, a.a.0., S. 267 f.

[320] Christa Wolf, Kassandra. Frankfurt/Main: Luchterhand 1986, S. 17.

[321] Die deutsche Fassung ist in der Volkszeitung Nr. 23 vom 1. Juni 1990 veröffentlicht worden.

[322] Die deutsche Fassung ist im Informationsdienst Südliches Afrika, Nr. 4, Juli/August 1990, dokumentiert.

[323] Milan Kundera, Das Buch vom Lachen und vom Vergessen. Frankfurt/Main: Suhrkamp 1983, S. 7.

[324] Genauer und im ursprünglichen Wortlaut nachzulesen in: Amilcar Cabral, Die Theorie als Waffe. Schriften zur Befreiung in Afrika. Hg. von der Amilcar Cabral-Gesellschaft. Bremen: CON 1983, S. 125.

[325] Christa Wolf, Kassandra. a.a.0., S. 50 f.

Drucknachweise

Die meisten Texte sind bereits andernorts erschienen. Sie wurden für diesen Band teilweise erheblich überarbeitet.

Kapitel: *Ethnozentrismus – Eurozentrismus – Rassismus*

Teil eines Referats für eine Tagung der Evangelischen Akademie Bad Boll vom 19.-21. April 1991 über »Flucht und Migration oder Eine Welt für alle«.

Kapitel: *500 Jahre Fortschritt und Entwicklung*

Referat für eine Tagung der Evangelischen Akademie Bad Boll vom 27. bis 29. September 1991 über »Die Entdeckung des Kolumbus – 500 Jahre danach«. Die überarbeitete Fassung erschien in: Peripherie – Zeitschrift für Politik und Ökonomie in der Dritten Welt, 11. Jg., Nr. 43/44, Januar 1992.

Kapitel: *200 Jahre Freiheit, Gleichheit, Brüderlichkeit*

Referat einer Tagung der Evangelischen Akademie Bad Boll vom 21. bis 23. Oktober 1988 über »Die Fremden – Gefahr oder Chance für unsere Gesellschaft? Zum Rassismus und zur Fremdenfeindlichkeit in der Bundesrepublik«. Gekürzte Fassung in Fritz Erich Anhelm (Hg.), 1992 – Fünfhundert Jahre danach. Vom kolonialen Blick zum interkulturellen Dialog? Bielefeld: Bertelsmann 1991.

Kapitel: *»Wer nicht vorangeht, geht zurück«*

Ergänzt Teile des dem vorhergehenden Kapitel zugrundeliegenden Textes zu einem eigenständigen Beitrag.

Kapitel: *Ausgrenzung und Vereinnahmung*

Teil eines Beitrags in Klaus F. Geiger (Hg.), Rassismus und Ausländerfeindlichkeit in Deutschland. Beiträge zu ihrer Erforschung. Kassel: Gesamthochschulbibliothek 1985 (Kasseler Materialien zur Ausländerpädagogik; Bd. 5).

Kapitel: *Mythos multikulturelle Gesellschaft*

Teilfassung erschien in: blätter des iz3w, Nr. 178, Dezember 1991/Januar 1992.

Kapitel: *Rassismus und Antirassismus*

Erstveröffentlichung in: Blätter für deutsche und internationale Politik, 37. Jg., Nr. 1, Januar 1992.

Kapitel: *Zwischen Welt*un*ordnung und Welt*unter*ordnung*

Erweiterte Fassung meines Teils für einen gemeinsam mit Gerhard Hauck und Reinhart Kößler verfaßten Aufsatz in: Widerspruch – Beiträge zur sozialistischen Politik, 11. Jg., Nr. 22, Dezember 1991.

Kapitel: *Krieg, Zivilität und internationale Solidarität*

Referat für das Nicaragua-Bundestreffen vom 31. Mai bis 2. Juni 1991 in Frankfurt/Main. Die überarbeitete Fassung erschien in: Blätter für deutsche und internationale Politik, 36. Jg., Nr. 8, August 1991.

Kapitel: *Solidarität mit wem oder was?*

Zuerst erschienen in: blätter des iz3w, Nr. 176, September/Oktober 1991. Die Neufassung erscheint auch in: Peter Dudek/Rainer Brähler (Hg.), Fremde Heimat – Jahrbuch für Interkulturelles Lernen 1991. Frankfurt/Main: Verlag für Interkulturelle Kommunikation 1992.

Kapitel: *»Der Krieg formt seine Leute«*

Referat für das Symposium »Ist der Internationalismus am Ende?« anläßlich des 20. Jahrestags der Zeitschrift AIB-Dritte Welt am 30. Juni 1990 in Marburg. Erstveröffentlichung in: Dritte Welt, 21. Jg., Nr. 9, September 1990.